在野研究ビギナーズ

勝手にはじめる研究生活

荒木優太〈編著〉

明石書店

在野研究ビギナーズ――勝手にはじめる研究生活

序　あさっての方へ

たまには人の研究発表でも聞こうと思って学会にいくと受付で必ず記名を求められる。名前と一緒に大体セットで設けられているのが、所属の欄だ。私はいつも「無所属」と書いている。

所属がなくて困ることはたくさんある。書いたものは信用されないし、大学に付属する諸機関は使いにくいことこの上なく、仲間もいなけりゃ自信もない、そしてなによりカネがない。

学会ついででいえば、研究発表の資料が配布されるのとともにしばしば質問用紙がついてくる。挙手で質問を受けつける面倒を省くためのアイディアだが、ここにも所属の欄がある。おいおい、いったいなんど書かせれば気がすむのか！　しかも大体「無所属」だと質問は読み上げられず、代わりといってはなんだが、偉いからという理由で話を振られた先生（と呼ばれている初老男性）の、どういうふうにその日の発表と関係しているのかよく分からない長話を、みな辟易としながら、それでも異論をはさむこともなく黙々と聞くハメになるもので。

きっと終わったあとの懇親会で適当な決着がつくのだろう。だろう、と推量形で書くのは、明日は朝からバイトなのでそんなものに参加せずさっさと帰宅してしまうからだ。想像で書くしかない。想像の質問、想像の応答、そして薔薇色の学的コミュニティ……そんなもの、もしかしたらどこにもないのかもしれないのに、疎外感を抱く。想像はほどほどに、明日のために早く寝る。

私は在野の研究者だ。

*

本書は現役で活躍中の一五人の在野研究者たちによる、研究生活の実践と方法をおのおのの体験のなかで論じてもらった編著である。

在野研究とは、ごく簡単に、大学に所属をもたない学問研究のことを指している。断っておけば、執筆をお願いした各論者は必ずしも在野研究者の看板をひっさげて活動しているわけではない。「在野」という語に違和感がある者もいれば、「研究」の語を拒否する者も含まれている。そこをなんとか、ということで、協力をたまわった。

在野という言葉は、もともと在朝（政府）と対で用いられ、古くは能力は十分にあるものの朝廷に仕えない民間人を指す言葉だったが、明治以降はより広い文脈に開かれていった。「在野党」という言い回しは、政権を得ていない政治家一派のことを指した。並行して官学に対し私学を確立しようとする教育者たちによく在野が冠される。蘭学塾（のちの慶應義塾大学）を開いた福沢諭吉、東京専門学校（のちの早稲田大学）を開いた大隈重信などが代表的だ。その後、美術の世界では官展（日展）の外で生まれる芸術運動にしばしば在野の語があてがわれ、法律の世界では権力に抗う姿勢でもって判事や検事とは異なる「在野法曹」（弁護士）という言葉が流通した。戦後になると思想誌『思想の科学』が喧伝していた「民間アカデミズム」や鹿野政直の「民間学」が注目を浴び、また全共闘世代から熱烈な支持を受けた吉本隆明に、「在野の学」や「在野の知識人」などの呼称が用いられてきた。

このように在野の語は多様な展開をみせ、『在野の精神』（現代書館、一九七九）の著書もある松本健一は、これを「権力そのものを相対化する立場」と大きく捉えている。

ゆるい定義のもと、ポリシーの異なる書き手を広く集めたのは、現実問題として在野の学問は様々なかたちをとっているし、さらにいえば、その多様なかたちそれ自体が在野という空間の一つの魅力であり財産であると考えているからだ。

多くのアカデミシャンのように一年間の授業計画を組まなくてもいいし、査読誌に論文を投稿して研究界へ自分をアピールする必然性もないし、学会で適当な役職につかなければいけないこともない。現状の学会に不満があれば、読書会や勉強会のような小さなコミュニティを立ち上げることもできるし、オルタナティブ雑誌やインターネットを活用することで研究成果を発表することもできる。論文という形式的叙述にこだわる必要すらないかもしれない。

解放的であり、それ故にしばしば危険でもある在野の自由。この自由こそを、大学院に進学すべきか否か迷っていたり、進学したはいいがそれからどうすべきか悩みはじめた若い学生、また会社を定年退職して改めて学問に向き合いたいと念じているかつての学生たちに、わがこととして考えてもらいたく、個性豊かな書き手を集めた。大学に所属しても構わない。が、大学だけが学問のすべてではない。広い裾野がなければ学問の社会的承認は崩れ、民主主義の名のもと大学への公的支出は厳しい視線にさらされる。アカデミシャンにとっても在野は無縁の世界ではない。

編者は二〇一六年に『これからのエリック・ホッファーのために』(東京書籍)、略称『これエリ』という一書を出版している。この本は、一六人の過去の在野研究者たちの人生と研究内容を新しい指針として捉え直そうと企画したものだ。過去に傾斜した旧著と違って、この本では、いま現在活躍している書き手たちのアクチュアルな息遣いを封じ込めたいと考えた。在野の研究生活に一般解はない。個々人の生活はそれぞれ異なる条件を与えられ、使えるリソースもてんでばらばらだ。偶然性に左右される。その上でなお在野での学問を志すのならば、各人、使える技法を自分用にチューンナップせねばならない。

ここにあるのはいわばチューンのための材料だ。道なき道の道標だ。だから指南書ではなく実例集を編んだつもりである。偏ってない一つの指南よりも偏ったたくさんの実例の方が、多くのビギナーを鼓舞し具体的な実践へ導くに違いない、というのが編者の編集方針である。

＊

本書は三部で構成されている。

第一部は「働きながら論文を書く」と題し、日々の労働のなかでなんとかやりくりしながら学術論文を発表している書き手を集めた。

政治学では珍しい調査を計量的手法で試みる酒井大輔（p.16）。学者をアイドルに見立て楽しみながら法学研究に向かう工藤郁子（p.31）。矢印という表象文化への関心とともに四〇歳から研究者を志した伊藤未明（p.47）。ハエへの関心が海外の学者とのつながりを生んだ昆虫研究の熊澤辰徳（p.76）。日本語活字の歴史研究というマイナーな分野に憑かれた内田明（p.91）。

第二部は「学問的なものの周辺」だ。制度的に認められるかどうかとは別に、広い意味での研究から非学問にみえるものまで、なだらかなグラデーションのなかで知の世界を自由に謳歌し我が道を行く書き手を集めた。

研究者を自認しないながらも専門分野を超えて著作業に励む山本貴光＆吉川浩満コンビ

(p.110)。古くからアマチュア研究者が優れた活躍をみせた妖怪・怪異研究の新鋭である朝里樹(p.124)。聞き取り調査によって忘れられた市井の人生を発掘する内田真木(p.139)。家庭教師をしながら低コストな宗教/研究に向き合う星野健一(p.153)。電子書籍として論文を出版し、それを紙の本にまとめ直す荒木(p.168)。

第三部は、知のインフラに注目する「新しいコミュニティと大学の再利用」。部屋に閉じこもってコツコツ論文を書く独学者だけが研究のあるべき姿ではない。様々な人々との協働のなかで見えてくるものがあるし、ときに大学を再利用するのも一つの手かもしれない。

研究者としてではなく支援者として無数の研究会を組織する酒井泰斗(p.202)。地方という逆境にもかかわらず地元でシンポジウムを企画する逆巻しとね(p.218)。地方と大学と出版社のあいだの媒介者になることで大学改革の波と闘う石井雅巳(p.232)。働きながら博士後期課程に進学しネオプラグマティズムの哲学研究を続行する朱喜哲(p.264)。

それぞれの部には、文脈にそった仕方で三つのインタビューを挟み込んだ。一人目は国会図書館の司書である小林昌樹に無所属でも使える図書館や古本屋の利用法を尋ねた(p.61)。二人目はイバン・イリイチのもとで学び、学校に馴致されない独自の思考と実践を現在も重ねる山本哲士(p.181)。三人目は、一六歳のころからネット上に訳文を発表していた翻訳研究者の大久保ゆうに、翻訳的な作業のイロハを教わった(p.247)。インタビュアーはいずれも荒木が担当した。各論をより広め深める追加コンテンツとしてぜひ活用してほしい。

＊

在野研究には明日がない。明日は、労働や育児や家事や病院通いといったもろもろのスケジュールで埋め尽くされているから。生活のルーティンや雑事のせわしなさが優雅な（と想像される）研究時間をことごとく奪う。未来の空き時間が一瞬の隙も与えずに現在の係累によって占領されてしまう。

それでも、「あさって」ならばある、「あさって」こそある、と信じている。

明日の明日は二重の意味で到来する。知識不足や指導者の不在によって、その研究がなんの価値をもつのか、誰が評価するのか、正しいことを述べているのか、まったく見当もつかないのにそれでも突き進む頓珍漢でジグザグな方向として。あさっての方へ。

そして、多くの勤め人、ときにアカデミシャンですら講義準備やノルマとしての論文執筆によって汲々した明日にせっつかれる日常の秩序を一気に飛び越え、未来を勝手に望見する明日以上の明日、超明日として。あさっての方へ。

明日はバイトだ。でも、あさっては違う。あさっては必ず途中のまま止まった論文にケリをつける、あさっては図書館に籠って調べものをする、あさっては新しく立ち上げた読書会のメンバーと初めて挨拶をする、あさっては、あさっては、あさっては……。

試行錯誤の逸脱と遠回りを甘受しながら、在野研究者は「あさって」の方へ進む。本書が、なんだかよく分からないけどもそれでも新しく前に踏み出したい人の参考になるのならば、それ以上に嬉しいことはない。

荒木優太

目次

＋

忙しい人のための四タイプの目次

忙しい人のための四タイプの目次

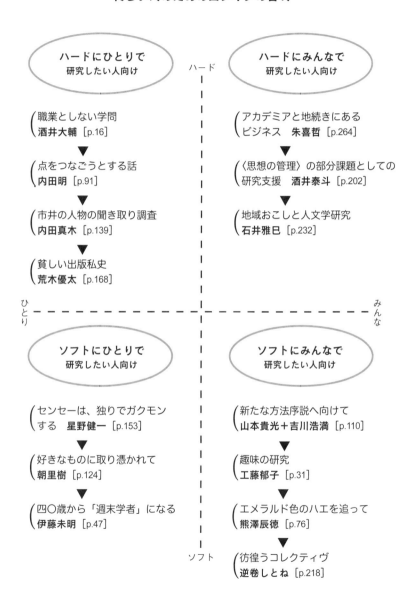

ハード / ソフト / ひとり / みんな

第一部

働きながら論文を書く

第一章

職業としない学問

酒井大輔

一　政治学における在野研究

あのマックス・ヴェーバーは、一九一七年の講演録『職業としての学問』――二〇一八年刊行の野口雅弘訳では『仕事としての学問』――の冒頭で、職業的な学問を志すとはどういうことか、という問いから始めている。この問いは事実上、学生が大学に残って研究生活を志すとはどういうことか、という意味だと彼はいう。この言葉のとおり、この講演の内容は、大学の研究活動や学問の心がけが中心だ。だがもちろん、職業としてではなくても、ある種の使命感をもって研究している人もいる。この意味での在野研究者は、想像上の存在ではなく、現にこの社会で生きて活動している。ただその姿がよく見えないだけだ。

　では、政治学の在野研究はどのような状況にあるだろうか。日本で政治学者が現在のような専門職業となったのは、明治期に大学制度ができてからといわれる。だがその後も、実際にはさまざまな立場の人たちが政治学を研究していた。黎明期の日本の政治学では、ジャーナリストたちが無視できない存在だった。また現在も、日本政治学会の会員名簿によると、数パーセント程度の会員が、マスメディアや行政機関などに所属していることがわかる。実は政治学では、こうしたセミプロ（プロとアマの中間）が多く存在するといわれている。政治・行政を研究する政治学にとって、ジャーナリストや行政職員は、その研究対象にもっとも近い場所にいる、あるいは研究対象そのものである。こうした方々は、実務にかかわる専門的知識をもっていることがある。学会大会に招待されて、報告や講演をすることも珍しくない。その代表的存在である故・石川真澄氏は、新聞記者でありながら、政治学者からくりかえし引用される業績を発表してきた。研究者と実務家の垣根が低いことは、政治学の特徴といえるのではないだろうか。

　ただもちろん、大学外で研究をつづけることは、実際には厳しい環境に身をおくことでもある。高畠通敏氏の「職業としての政治学者」という文章には、それを感じさせる話がある。彼は大学卒業後、思想の科学研究会という団体に就職しようとしたが挫折し、大学教員の道を歩んだ。「私は〈在野〉で政治の研究をつづけたいという志を果たすことができずにアカデミックな研究室の世界に弟子入りをしたのである」と彼はいう。在野研究の道を選ぶことは、アカデミアで研究職を目指すこととは別種の厳しさがあるのかもしれない。

ひと口に在野研究といっても、そのあり方は多様だ。例えばロナルド・グロスの『独立系研究者ハンドブック』（邦訳『アメリカ流クリエイティブ・ライフ』）には、実にさまざまな在野研究者の生きた事例が登場する。この章では、本業をもちながら、しかし仕事とは別に行われる個人的な研究のことを考えよう。では、このような在野研究をする時、どのようなことに気をつければよいだろうか。

ここでは、働きながら論文（らしきもの）を書いている、私自身の経験をもとに見ていこう。そのさい、研究者個人にとって在野で研究するとはどのようなことか、という視点に限定したいと思う。ささやかな一事例にすぎないが、在野という研究スタイルは現に存在しており、現実的な選択肢だというのが私の考えだ。

二　働きながら論文を書くまで

さて、ヴェーバーは先の講演録で、職業研究者の具体的な就職論へと話をつづけている。私もこれにならって、どのような仕事をしながら研究をしているか、という外面的な事情から始めようと思う。

私は大学の法学部に入学した後、ひねくれた法学部生にありがちなように、法律科目よりも政治学にひかれた。政治学の講義では、個人と社会のあり方を理論的に深く広く考察していた（ように私には見えた）。二〇歳前後の自分にとって、目が覚めるような刺激だった。勉強をつづけるため、大学院に入ることに決め、そこで政治理論家の著作に熱中した。修士論文のテーマには民主主義論を選んだ。しかし、教員になりたいという気持ちはまるでなかった。働きながら研究をすることは、もちろん考えていなかった。当時はぼんやりと、大学をはなれたら研究活動は終わりだろう、と思っていた。だから、修了式で修士号を与えられた時には、これからは「ふつう」の職業人生を歩むのだと思ったのである。

その後、公務員試験を経て、病院グループを運営する独立行政法人に就職したものの、数ヶ月して仕事に慣れた頃には、週末の時間をもて余すようになっていた。他の人は一体、どうやってこの退屈な時間をつぶしているのだろう？　私の大学時代は、本や論文を読むのが毎日の過ごし方だった。なので、仕事の後や休日に学術書のページをひらくようになったのも、惰性というか自然なことだったと思う。

転機になったのは、一年後の中央省庁への異動である。霞が関の合同庁舎に勤めるようになって、せっかく「政治」の近くに来たのだからと、日本政治の研究書を読みはじめた。そのなかで出会ったのが、渡部純先生の『現代日本政治研究と丸山眞男』だった。この本は、政治学の巨人である丸山眞男と大嶽秀夫を論じながら、ひいては戦後の日本政治学史を描くことに成功していた。そこで私は、この本で批判されている大嶽に興味をひかれ、彼の書いたものを体系的に読むことにした。このことが、その後の日本政治学史に対する関心につながっていく。

霞が関勤務の忙しさに辟易としつつも、週末には、大嶽秀夫論をブログに書くのが習慣になった。そうしているうちに、大学院時代の指導教員だった田村哲樹先生から「大嶽秀夫をテーマに論文を書いてみませんか」と促された。何度かお声がけをいただいているうちに、自分もその気になって、論文らしきものを書いてみた。ジャーナルに投稿したところ、査読を通り、掲載されることになった。それが私の最初の公刊論文となった。この時点で、就職してから五年が経っていた。

意外にも、働きながらでも研究はできる、というのが私の発見だった。もちろん、ここに育児や介護といった事情が加わればどうなるかは分からない。通勤時間が比較的短かったことも大きい。幸運な条件はあったにせよ、仕事をしながら研究する時間はない、という悲観的な見方をあまり真にうける必要はなさそうだ。

三　お金をどうするか——大嶽秀夫の研究

ただ、いつも頭が痛いのは研究費の問題である。基本的には、自分の財布から資金を捻出することになる。私は国内の文献調査が中心であり、趣味として割り切れる金額ではある。しかし、できれば助成金を得たいところだ。

私が最初に取り組んだのは、大嶽秀夫の政治学研究だった。大嶽は、日本の政治学の「実証化」、「科学化」に大きく貢献した人物として知られている。村松岐夫、猪口孝とともに一九八七年に政治学専門誌を創刊し、その誌名にちなんで「レヴァイアサン・グループ」と彼らは呼ばれている。しかし、日本政治学史研究として、この世代を扱ったものはわずかしかなかった。というより、日本政治学史という題材自体があまり論じられておらず、未開拓の研究テーマだったのである。

そこで私は、大嶽の書いたものを体系的に集めることにした。論文やメディアでの発言はもちろん、各種会報、大学新聞、同時代人の回顧録を集めたり、仕事をした自治体に情報公開請求をしたり、大学文書館で資料を閲覧したりした。主な費用は、これらの文献費と交通費である。資料のオープンアクセス化が進み、かつてよりは研究しやすい環境となっているはずだ。

こうしたなか、大嶽秀夫本人のインタビューを行えたことは、大きな経験だった。学会の懇親会で出会った方の人づてで、大嶽先生の参加する研究会を傍聴させてもらえることになった。ある明るい日、京都の研究会の一室で初めてお会いした大嶽先生は、「あなたのブログを読みましたよ」と照れくさそうにおっしゃった（その時はまだ論文が公刊されていなかった）。先生は好々爺然としつつも、研究会では誰より先んじて鋭い質問を発していた。この機会をきっかけに、他の研究者との共同研究として、大嶽先生のライフ・ヒストリーを複数回にわたりインタビューさせていただいた。私はこの研究グループの一端に参加したにすぎないが、資金にはサントリー文化財団の助成を得ることができた。これがなければ、私の居住する東京と、先生の居住する京都を、何度も往復はできなかった。

四　どこに発表するか――日本政治学史の計量分析

在野研究のハンデは他にもいくつかある。大学図書館へのアクセスが制限されること、他の研究者との接点が少ないこと、などである。これに加え切実なのは、研究成果をどう発表するか、という問題ではないだろうか。

この問題は、実は、在野研究者にとって一つの分かれ道となる。発表媒体、言語、想定読者をどう選ぶかは、自分がどのような研究を目指すかにかかっている。なかには、アカデミズムに対抗して自らメディアを発行し、一から在野の学問をつくろうという方もいるかもしれない。私自身は、学術誌への投稿をメインに選んだ。それは、アカデミズムのなかで評価されることを望んだためであるし、在野研究者にとってもメリットが大きい。学術誌なら、論文の投稿は誰でも（学会誌の場合は会員であれば）受けつけてもらえる。なにより、レフェリーによる査読を受けられる。在野研究だからといって、質の低いものと見られては元も子もない。査読を通れば、学術論文として一定のハードルをクリアしたと自信をもてる。

次に書いた引用分析の論文も、学会誌に投稿したものだった。この論文を書いたきっかけははっきりしている。最初の論文では、「なぜ大嶽秀夫が対象なのか」という疑問に十分応えられていないことが気になっていた。個別事例の研究では、ケースをどう選択するかは実際には難しい問題である。これに弱っていたある時、方法論の文献で事例研究と定量分析のミックスという方法を目にして、引用数というアイデアが浮かんだ。——教科書でなんども引用される学者ならば、学界の代表的人物といえるのではないか。そうして、教科書の引用文献を調べることにした。引用分析が科学論の分野でひろく使われていることは、後から知った。最終的にできあがった論文は、問題意識をもう少し発展させて、政治学の教科書の引用パターンを分析するものとなった。

一つの懸念は、査読を通るかどうかだった。引用分析という手法は、私にとっては初めてで、日本の政治学でもほとんど例がない。不安のなか、二名の匿名レフェリーからは統計処理を含め丁寧なコメントをいただき、論文をブラッシュアップしていった。そして最終的に、アクセプト（掲載可）の判断をいただいた。専門家に論文を読んでもらえることは他では得にくい機会といえる。

五　肩書きをどうするか——日本政治学会アンケート調査

肩書きをどう表記するかも悩みどころである。論文を載せると、ふつうは肩書きや所属を併記する。研究機関所属ならそれを書けばいいが、在野研究者は決まった書き方がない。以前、「皇居におけるタヌキの食性とその季節変動」という二〇〇八年の論文がSNSで話題になったことがあった。その論文の共著者のひとり、「明仁」という人物の所属は、「御所（The Imperial Residence）」と記載されていた。肩書き、所属とはそもそもいったい何だろうか。

たんに論文に載せるだけならあまり問題にならないが、フィールド調査の場合、調査の設計や実効性にも肩書きが影響するかもしれない。二〇一八年、私は「政治学研究のあり方実態調査」と題して、日本政治学会の会員約一八〇〇人を対象に、郵送によるアンケート調査（調査紙調査）をしたことがある。昨今の政治学が「科学化」、「制度化」しているといわれるなかで、研究者たちがどのような意識で研究しているかを訊くものだった。約二〇年前にも同様の調査が行われたことがあり、研究状況の変化を調べたかった。

個人でこのような大きな調査をするのは、骨は折れるが不可能ではない。私は本業で小さな調査をしたことがあり、個人でもやればできると踏んでいた。準備期間を半年として、調査計画を書き、社会調査法の文献を読み、同じような調査を調べ、必要な作業内容を確定していった。何人かの研究者にも意見を聞いた。膨大な作業量をクリアするには工夫も必要だ。用紙の印刷、回答用紙の受取り、回答データの入力は業者に依頼した。調査は全額私費で行った。

調査の設計段階で、最後まで迷ったのが肩書きの記載方法である。悩んだ末、日本政治学会会員であることと、私の勤務先名称を、調査者氏名の上に書くことにした。その理由は第一に、調査者自身も会員であることは、調査上重要な情報であると思われたこと。第二に、一般に所属といえば勤務先を指し、この慣行に従って調査者の身分を明らかにすることが適切と思われたこと。身分を隠した不審人物と思われるのは避けたかった。しかし、この方法がベストであったかは現在でも確信がない。実際、一部の方には、私があたかも勤務先の研究ポストに就く者であるかのような誤解を与えてしまったようである。

　幸いにも、多くの方から回答をいただくことができた。今回、調査実施者の所属が、回収率の引下げに影響したかどうかは定かでない。また、回答用紙の返送先や照会先をどうするかも悩ましい。場合によっては、大学の研究者との共同研究とすることも検討すべきだろう。

六　仕事は研究の役にたつ（その一）――基礎的な知識・技術

　さてここまでは、在野で研究することのハンデに力点をおいて考えてきた。しかし、働きながらの研究は悪いことばかりではない。場合によっては、実務に携わることで、研究にも役だつ知識・技術の向上につながることがある。

　先に触れた『独立系研究者ハンドブック』の著者は、「毎日の仕事のなかで知的冒険をする」ことをすすめている。職業生活のなかに知的な要素を見つけ、それを育てていくということだ。例えば、私が職場でなにか新しい仕事を始める時は、当面の課題と経緯を文書にまとめ、関連法規と証拠を不足なく集めつつ、自分の考えを論理的かつ簡潔に表現しなければいけない。その過程で、論理構成は緻密か、文意は明確か、考慮すべき論点に漏れはないか、さまざまな角度から問われ、詰めていく。こうした仕事は、論文を書くことと同じではないが、研究活動と通じるところがある。

また、法令文書や通知などを山ほど読み、あるいは書く側になり、文書の読み書きも訓練された。完成度の高い役所の文書には、無駄な文字は一つもない。大学院時代の私を知っている人からは、私の文体は簡単・明確になったと言われる。それは仕事の影響だ。

さらに卑近な例を挙げれば、資料の整理も研究生活で必要な能力だ。仕事でエクセルを使いこなせることも無駄にはならない。共同研究に加わるなら、関係者との調整も立派な能力だ。こうした細かなノウハウに、私は仕事のなかで慣れ親しんだ。

もちろん、アカデミック・スキルのうちには、論文作法や先行研究の扱い方など、大学で学ぶことが堅実なものもある。しかし、実務で習得できるものもある。業種によっても異なるだろうが、職業上身につけたことが役にたたないと悲観する必要はない。

七　仕事は研究の役にたつ（その二）――研究テーマに関連する仕事

研究テーマにかかわる仕事に就けば、なおさら研究の勉強になる。この点は、在野研究者の明らかな利点なので、いくつか具体例を挙げよう。

政治学者や行政学者であれば、政治・行政の内部世界を、自分自身で経験してみたいと思うことがあるだろう。そのひとり、行政学者の村松岐夫は、一九七七年の『自治研究』誌の座談会で、「どうにかして中央官庁のどこかのポストに兼任としてつけてもらって……中に入らせてもらえないかということで、幾つかのルートを通じて当たったこともありますが、いろいろの事情でできませんでした」といっている。テーマにかかわる場所で経験を積めば、研究に役だつことはまちがいない。大学教員は有識者として招かれることはあっても、行政の実務ポストを得る機会はまれかもしれない。

議員になった例としては、政治学者の蠟山政道がいる。蠟山は一九三九年に東大教授を辞した後、大政翼賛会の推薦で立候補し、四二年に衆議院議員となった。戦後の回想録で、蠟山は「実際の政治を一つ勉強してやろう」、「議員として政治を裏側、中から見たい、という気持ち」だったと述べている。この発言には翼賛議員となったことへの弁明の側面もあるだろうが、政治の現場をじかに知りたい気持ちも嘘ではなかっただろう（なお、蠟山が戦後に公職追放を受けたのはこのためといわれる）。

行政でいえば、幸いにも、私は何年も実務をさせていただいている。省内の意思決定過程、国会答弁の作成、国会議員や関係団体との連絡調整、公文書管理など、政治学にとっても重要な研究テーマについて、自分自身の業務としてその一端に加わった。「毎日がフィールドワークのようなものだ」とある友人から言われたことがある。確かに就職してから、行政をテーマとした論文の読み方は変わった。仕事上の経験と相照らして吟味したり、不正確な記述がある程度分かるようになった。

巷で時折、「大学教育は仕事の役にたつか」ということが議論されることがある。ここでは逆に、仕事が研究の役にたつという側面を強調したい。

八　おわりに——多様なスタイル、多様な研究

この章を終える前に、働きながら研究することの利点を忘れずにもう一つ付け加えよう。それはなんといっても、研究活動が生計の手段から切りはなされていることである。ヴェーバーにならっていえば、学問「のために」生きることと、学問「によって」生きることは、在野研究者では明確に分離している。それは「求職のための競争からは降りる」、「雇用のための研究はしなくていい」ということでもある。この競争から降りることには、いくつか良い効果がある。

第一に、生活の安定である。働いて収入を確保しさえすれば、ひとまず生活の心配はない。精神衛生上もいい。求職中の研究者にとっては、論文執筆は就職活動の一環である。目指す研究ポストをにらみつつ、今後の研究計画に頭を悩ませる。しかし、在野にそのような制約はない。就職活動はすでに終わっているのである。

このことは、第二に、フットワークの軽さにつながる。誰も手をつけない未開拓のテーマは、成功のチャンスもあるが、失敗のリスクも大きい。在野なら、こうしたテーマにも

臆さずチャレンジできる。

　他でもない日本政治学史が、そうしたテーマであった。この題材はその面白さに反して、専門の研究者はほとんどいない。大学によっては「政治学史」の名をもつ講座もあるが、その内容は主に政治思想史である。日本政治学史で博士論文を書いても、おそらく研究職は得にくいだろう。大学院生がこれをテーマとする余地は少なく、ますます研究されない状況が生まれている。

　ここには、学史研究というものの成り立ちにくさもある。本来、政治の研究をするのが政治学であって、学史の研究はどことなく肩身が狭い。企業でいえば社史編纂室のようなものだ。社史をまとめる意義はだれも否定しないが、かといってここに労力と資金が注がれるとはかぎらない。

　だが、在野研究者にはそこがチャンスでもある。論文を出した後、幸いにも何人かの研究者からコメントをいただいた。そこで気付かされたのは、「実は自分も日本の政治学史に関心はもっているのだが……」という方が意外に多いことだった。研究ポストの数が限られていることに加えて、研究活動の制度化がすすむ昨今、さまざまな理由から研究されにくいテーマは生じてくる。そこに挑戦できるフットワークの軽さは、大学の外にいることの大きな利点である。

　そうだとすれば、アカデミズムにとっても、在野研究者の存在には意義があるといえるかもしれない。スタイルの多様性は、研究の多様性を生むかもしれない。今後、さまざまな立場で学問をする方が増えてほしいと思う理由である。

第二章
趣味の研究

工藤郁子

一　はじめに——伊達と酔狂

「趣味で研究をやってます」と言うと、たいがい引かれる。勤勉ですねと言葉を濁されたり、研究はお遊びじゃないとたしなめられたりする。でも、なぜ論文を書くのかと聞かれたら、趣味としか答えられない。

稼いだお金で学術書を思うさま買っては積み、ときどき読む。有給休暇をとって学会に行き、たまに口頭発表をする。まれに論文を書くが、別にアカデミック・ポスト（大学などの常勤研究職）を狙っているわけではない。研究の楽しさを満喫し、自分を満足させることを主目的として、やっている。職責や社会的貢献などからは、いったん離れたものだ。研究は、面白い。研究の好きなところもたくさん言える。だが、それらが楽しい理由かと聞かれると、違う気がする。因果はわからないが、なぜか面白いのだ。それでもなお、本章では研究の楽しさについて述べてみたい。

国学者の本居宣長が「うひ山ぶみ」で言うように、学問という山を登る道はさまざまで、諦めず登り続けることのみが重要だ。思うままにやれという宣長の言葉は、獣道を往く者にとって心強い*1。だが同時に、諦めず怠らず続ける難しさも示唆されている。これは、初めて山登りに挑戦する人だけでなく、すでに山を登っている人にも共通する課題だ。日本の大学の研究環境は恵まれておらず、特に若手の待遇が過酷だからだ。「仕事にするなら、辛いのは当然」と言う人もいる。だが、そこに持続可能性はない。

本章では、持続可能性の一要素としてのウェルビーイングに焦点を当てる。楽しむことにかけては、専業者に比べて、道楽者に強みがあるだろう。

二　論文を読む喜び

「僕は友達がいる別の世に」

研究の楽しさとしてまず挙げたいのが、論文や学術書を読む喜びである。論文には、新しい知見や学術の発展につながるアイデアが凝縮されている。うまくはまれば、知りた

＊1　正確には、宣長は以下のように述べている。「詮ずるところ学問は、ただ年月長く倦ずおこたらずして、はげみつとむるぞ肝要にて、学びやうは、いかやうにてもよかるべく、さのみかゝはるまじきこと也、いかほど学びかたよくても、怠りてつとめざれば、功はなし…（中略）…されば才のともしきや、学ぶことの晩きや、暇のなきやによりて、思ひくづをれて、止ることなかれ、とてもかくても、つとめだにすれば、出来るものと心得べ

かったことがわかって、目の前が明るくなる。もやもやしたところに言葉や体系が与えられて、すっきりする。わかっていると思っていたことに揺さぶりをかけられて、全然わかっていなかったと思い至るのも面白い。

諸外国の研究者や数世紀前の泰斗と、論文を介してコミュニケーションできるのも好ましい。時空を超えて、同じ研究関心を持っていたらしいと知ると、心震える。人によっては、これこそが研究の醍醐味だという。そして、先人たちの積み重ねのおかげで、「巨人の肩の上」に立ち、一人では到達できないはるか彼方まで見渡せる。だから、何度でも栞《しおり》のノブを摑む。

ちなみに、筆者がよく読む分野は、情報法学、憲法学、法哲学、公共政策学などだ。「情報技術は人と社会にどのような影響を与えるか？それにどう制度対応すべきか？」という関心が先に立ち、ディシプリンは後から付いて来いよ的なパワープレイをしているので、雑食化した。その反面、興味がひとつの分野全域には及ばない。例えば、筆者が専門にしている（はずの）憲法学について、統治機構には強い関心があるが、人権・基本権論にはあまり食指が動かない。こうした興味の限局性（または既存分野との噛み合わせの悪さ）が、専任研究職に向かないと自己診断した理由のひとつである。他方で、情報技術を社会実装する現場にいる方が、守秘義務などで外からは得がたい先端の知見を蓄積でき、筆者の問題関心に資するとの直観もあった。

現在は、公共政策コンサルタントを生業としている。ＩＴ企業などを顧客として、情報

し、すべて思ひくずをるゝは、学問に大にきらふ事ぞかし」。医業のかたわらで研究を行い門人たちを育てた宣長の言葉は、啓発的で学圧が高い。

技術を使ったプロダクトに関する法的・倫理的リスクを分析し、それを低減・緩和する解決策を提案し、関係者（政策立案者、NGO、有識者など）と調整・交渉を行っている。結果として、業務上の必要に応じて、または興味の赴くままに、インプットすることになった。これが性に合っていると思う。

「みんなが嫌うものが好きでもそれでもいいのよ」

論文は、情報摂取源だけでなく、嗜好品でもある。論文の趣深さを味わうのは、楽しい。音楽や熱帯魚を鑑賞するようなものだ。例えば、筆者が数年前にある研究合宿に参加した際、就寝直前に盛り上がったのは、あこがれの論文という話題だった。


「Aさんの論文、ひとつひとつの分析が行き届いていて、緻密だよね」

「在外研究中のものだよね？　あれはいい。あの丁寧さを目指したい」

「解釈が禁欲的で堅牢な論文が好き。B先生の論文がうらやましい」

「わかる……」

「C先生の例の論考にあこがれる。これまでの議論の前提をディスラプト（破壊）して、すべてを焼き払ってるところが素敵！」

「そういえばあのテーマ、焼け野原になったままですね……」

このパジャマ・パーティーでの会話からわかるとおり、論文は鑑賞の対象になる。来歴をおさえ比較分析しながら鑑賞し、より深く味わうこともできる。そして大好きなものがあれば、それだけで日々が動き出す。

論文や学術書の享受には、副次的な効果もある。研究基盤の下支えになるのだ。例えば、学術出版は発行部数が伸びず市場として成立しないことがある。しかし、ワナビーであれミーハーであれ、購買者数が増えれば出版されやすくなる。「本を積むことは徳を積むこと」だ。

これは、ファンが「推し」に貢ぐさまと同じだ。一般に、イチオシのアイドル個人を応援することを「単推し」、アイドルグループ全体を応援することを「箱推し」と呼ぶそうだが、「憲法学推し」など学術分野に対する応援もありえよう。

「みんなが好きなものが好きでもそれでもいいのよ」

論文を読むというと、静謐な楽しみに思えるかもしれない。しかし、血湧き肉躍るような面白さもある。それは論争だ。論壇誌ですら珍しくなりつつある真剣な闘争は、学術誌で今なお活発に行われている。

それは、競技観戦に近い趣きがある。法哲学者の若松良樹は「怪獣大戦争」と喩えた[*2]が、一流の研究者たちが相搏《う》つような展開だと胸が高鳴り、「もっと殴りあえ！」という気持ちになる。

＊2　若松良樹「書評 怪獣大戦争観戦記：『法哲学と法哲学の対話』を読んで［安藤馨・大屋雄裕著］」『書

斎の窓』（六五三号、有斐閣、二〇一七）

ところで、法哲学では、師匠の学説を超える「親殺し」をしないと、一人前とみなされないそうである。今をときめく某憲法学者も「常に『お前ら全員殺す』と思いながら、研究をしている」旨の供述をしていた。完全にサツバツだ。しかし同時に、健全でもある。吟味と批判と淘汰によって、学問の品質や正当性が、分野全体として担保されている。

法学は価値論を伴う。極めて多数でしかも相互に関連するパラメータをもつ、非線形で非平衡で動的な構造を研究対象としており、ときとして解は一意でない。その学究は常に弾力的で可謬《かびゅう》的だ。だから論争は、不毛な対立というよりも、価値と理論の探究をめぐる協働的な営為である。囲碁で「神の一手」を極めるために対局相手に恵まれなければならないようなものだ。論争は、幾重もの意味で、とてもエキサイティングである。

三　研究会を聴く面白さ、議論する楽しさ

「アイドルばかり聴かないで」

論文を読むだけでなく、週末に「ライブイベント」や「現場」に行ってみるのも面白い。研究会や学会のことだ。耳学問は、端緒として優れている。その学術領域を概観できるし、趨《すう》勢や流行もわかる（そう、なんと学界にもトレンドがあるのだ）。

もしテクストの背後にも関心があるなら、動いてしゃべる研究者を生で見てみるのも一興だ。誰も追いつけない圧倒的なスタイルをフロアに見せつける御大を愛でたり、紙面で

辛辣な応酬を続ける論敵同士が実はカラオケ仲間であることを知ったりできる。論文を読んだ感想を本人に直接伝えるのも楽しい。その意味で、研究者は「会いに行けるアイドル」でもある。

ところで、筆者は懇親会やパーティーが苦手だ。たいてい身の置き所がなくて辛いし、初対面の人に気遣われると申し訳なさが先に立つ。ただ幸いなことに、「在野」が理由で困った覚えはあまりない。法学関係の研究会では、大学に所属する研究者以外にも、弁護士や裁判官など法律家が活躍している。権威の所在でいえば、むしろ法律家たちの方が「在朝」で、大学の研究者が「在野」ではないかという気さえする。これは、分野の特殊性なのかもしれない。

「ここいらでひとつ踊ってみようぜ」

一人で論文を読むのも面白いが、誰かと議論するのも楽しい。自分とは違った視点をもらえるし、対話により思考が整理される瞬間が嬉しい。

しかも他者との討議は、研究を生み出す側に回る第一歩になる。自分で問いを立て、妥当な方法を選択し、答えを出すことが研究だ。問いと答えの枠組みを適切に設定するスキルは、訓練で身につく。前提や出典を示すのもそのひとつだ。例えば、歴史学者の與那覇潤は「情報が錯綜する現在、みずからの主張の典拠を明らかにしつつ発言するのは、〔中略〕根拠のない不当な批判に貶められないよう、あるいは自身が結果的に誤った言動をしてしまわないよう、発言内容のうち直接責任を負える範囲を明示して『自分を守る』ことでもある。そのように足場を固めることで、人は未知のこと、答えがまだ（あるいは、永遠に）出ない問いに対してすらも、論じる作法を手に入れる」と指摘する*3。

討議で主張と防御をするのは、スポーツをプレイするような楽しみがある。勉強会や読書会への参加は、サークルに入るようなものだ。定期的にプレイしたいなら、肌の合う研究者コミュニティを探してみるのもよいだろう。なお、かつて筆者は、法科大学院という弁護士など法曹を養成するコースに進学したこともあり、同窓で研究者志望を見つけられなかった。そこで、もともと友人だった他大学の院生が主催する情報法勉強会に入れてもらった。ほぼ同世代で構成されていたこともあり、互助会的な雰囲気だったと思う。一人だと挫折しそうな文献を輪読したり、進捗報告を兼ねた話題提供をしたりした。

大学院修了後も、小さな勉強会や読書会に加わっている。また、いくつかの演習（ゼミ）に「潜って」きた。多くの大学には、聴講生制度や科目履修生制度があり、演習もその対象となる。ちなみに、参加準備として、担当教員への事前相談はもちろん、受講者である院生たちとも面識を得るようにしてきた。そして「この人たちと毎週議論できたら、きっと楽しい」「怯えたりせず素直に疑問を言えそう」という直観を大切にした。実際に、今参加している演習で「さっき言ってた真理対応説ってなんですか？」などと尋ねても、馬鹿にせず無下にせず教えてくれる。しかも受講生たちの向学心に常々触発され、もう一度遠くへ行く気合いをもらっている。

*3　「大学でいちばん大切なこと」（B面の岩波新書、岩波新書編集部、二〇一八）。https://www.iwanamishinsho80.com/post/hajimete05. ちなみに、與那覇は大学を辞して「在野」研究者として活躍中である。

四　口頭発表をする素晴らしさ、論文を書く嬉しさ

「終わらない夜を僕にくれる」

　筆者は、知る喜びはわかるが知らせる喜びがよくわからない。自分が理解できれば満足で、専ら研究を享受する側だった。なお、大学院修了時に書き上げたリサーチペーパーは、読みたい内容を誰もやってくれないので、仕方なく書いてみたものだ[*4]。かつて識者にその経緯を話したところ、公式から供給がないので自分でつくる同人作家の感覚と似ていると指摘された。全くその通りだと思う。

　しかし、転機となる出来事があった。二〇一三年三月の京都合宿である。情報法勉強会のメンバーで、桜を観に行くついでに、関西の若手研究者と交流する企画だった。筆者にも話題提供のお鉢が回ってきて、三〇分程度のプレゼンテーションをすることになった。そこまではよかったのだが、なぜか主催者が教授・准教授クラスの先生たちも招いてしまった。会ったことはないが尊敬する先生方である。聞いてないよと頭を抱え、錯乱しながら資料を作った記憶がある。

　今から思えばその報告は、問題意識と今後の見通しを示すに留まり、お悩み相談に近い内容だった。にもかかわらず、とても熱心にコメントしてくれて、面白い着眼点だと言ってくれた。それは鮮烈な経験だった。指導教官や友人たちのように、人的関係が先行する

＊4　リサーチペーパーの表題は「インターネットにおけるゲートキーピング規制と『法の支配』」で、二万四〇〇〇字程度だ。現在は固く封印されているため、詳しい内容は不明である。しかし、情報を伝達する媒介者（例えばＩＴ企業）は、規制作用をも媒介しうるので、政策上はコントロール・ポイントとして見出されることを素描しているようだ。インターネットにおける情報流通規制で、間接規制や共同規制という手法が採用される場合、

のではなく、自分の研究関心を起点として、初めて会った憧れの人たちとも討議ができたからだ。

さらに、口頭発表を聞いてくれた先生の一人から後日「スカウト」された。『法学セミナー』（法セミ）二〇一四年一月号に寄稿しないかと誘われたのだ。

法学は、やや特殊な研究習律と生態系を有しており、いくつかの商業専門誌がジャーナルとして非常に重要な地位を占める。法セミも、そのひとつだ。編集委員や特集企画者の先生に依頼され招待されると、論文を掲載できる。

要は、河川敷で素振りをしていたら、メジャーリーグからスカウトされたようなものだ。実際、掲載時にある先生から「テニュア（終身在職資格）な私より先に、法セミでデビューするとはどういうことか」と凄まれたほどだ。すぐに冗談だと笑っていたが、目は笑っていなかった気がする。

というわけで、当初はとても嬉しかったが、しばらくすると頭が冷えて、とても不安になった。法学では、査読が根付いていない（さらには、被引用数もインパクトファクターもほぼ意識されていない）。サツバツなので、論文の質は自ら判断し、各自で選別する建前になっている。他方で、公表される論文数はそれなりに多い。そのため、論文単位ではなく執筆者個人を単位として選別が行われてしまいがちだ。いったん「読むに値しない」と烙印が押されると、後々まで響く。

そこで、品質管理のためのプレ報告をすることにした。いつもは好き勝手にしているた

ＩＴ企業は「ゲートキーパー」としての役割を担わせられるが、そうした営みが「法の支配」とどういう関係にあるかを論じようとしていたらしい。

め、どこをどのように切り取れば、その分野の研究者にとって面白いか、学術コミュニティに貢献できるのか、わからない。だから、口頭発表を通じて、感触を探り、すり合わせた。これは聞き手にも負荷がかかるし、生煮えの議論を出すのは恥ずかしいので、最初は内輪の勉強会で付き合ってもらった。

発表資料を作る過程で、改めて思考が整理される。ときには、発見もある。粗《あら》もたくさん見えてくる。「締切が人をつくる」のは本当だと思う（ただし、締切直前の深夜に降りてくる「文章の神様」は、だいたい邪神だ。信じてはいけない）。

発表後は、自分の研究がどう位置づけられそうかが明確になる。教えてもらった文献を読み、反響があったところを伸ばして、質疑応答で指摘された課題を潰す。これを勉強会や研究会で報告するたびに繰り返した。

それはまるで永遠に続くようにも思われたが、このような過程を経て、拙稿は『法学セミナー』七〇八号に掲載された[*5]。同じプロセスを、論文を出すごとになるべくやってきた。しかし近頃は、気軽に勉強会ができない。友人たちが遠方に就職したり家庭環境が変わったりと、立派になってしまったからだ。そこで、草稿をメールで送りつけ、意見をもらう方法も導入している。たまに先方からも草稿が送られてきてコメントを求められる。研究者仲間として認められているようで、嬉しいことだ。

＊5　「情報社会における民主主義の新しい形としての『キャンペーン』」『法学セミナー』（七〇八号、日本評論社、二〇一三）

「幸せの4　死ぬじゃない4」

論文執筆の嬉しさについては、多くを語れない。筆者にとって苦痛だからだ。いつも憂鬱と無気力に襲われる。校正や改訂も、本当に最悪な気持ちになる。

もっとも、ナーバスになるのは、執筆に限ったことではない。稼業でも同じことが生じる。恐れや不安が仕事に向かうことを阻害して、核心から外れたところに時間を使ってしまう。「思考のクセ」は意思決定を歪ませるし、自分の感情を無理に押さえつけるとろくなことにならない。うまく対処できていると思っても、体調を崩したりと今度は身体に裏切られる。

話を聞く限り、そういう研究者は多いらしい。逆に、執筆がすんなり進みすぎると満足できないという先生もいた。研究者は全般的に被虐趣味の傾向があるが、そういう話ではない。論文では、新しい知見や有効な提案を示すために、自分を含む過去を乗り越える側面がある。壁にぶつかって「もうだめだ」となるのは、当たり前のことだ。パフォーマンスを出し続けるためには、心理的なつらさをうまくさばいていく必要がある。

ただ、ごくまれに論文を書く嬉しさを感じるときがある。反響があったときだ。例えば、私淑する先生から拙稿に関するお手紙をいただいたことがあった。それは、フレーバー程度に添えていた本当に言いたいことをただしく射抜いていた。望外の喜びだった。会ったことはないが論文を読んですごいなと一方的に思っていた先生が、自分の文章を読んでくれていて、しかも伝わらないだろうと半ば諦めていたことを捉えてくれたのだ。さらにその手紙は、二〇一六年五月号の『法律時報』に寄稿してほしいと締めくくられていた。手紙を受け取ってからしばらくの間、ときどき物陰に隠れてわーきゃー騒いだりしないと発散できない謎の感情が去来することになった。

しばらくすると極度の不安に陥り、やはりプレ報告の手配をした。のたうちまわって執筆した過程は、地獄のような日々だった。だが、完全に自画自賛だが、刺激的な論文にできたと思う[*6]。

*6　「デモと選挙の間」『法律時報』(一一〇九八号、日本評論社、二〇一六)

五　趣味が仕事になる面白さとつらさ

「仕事より楽しいのはまた仕事」

研究と仕事の関係は、筆者にとって悩ましい問題だ。そもそもコンサルは労働集約性が高く、報酬に見合った「バリュー」を出すにはそれなりの労働量を投下しなければならない。また、繁忙期(危機対応など)が唐突に訪れるが、その間、業務のほかは生存しかできない。生活は無理で、半ば失踪する。年に一度は繁忙期後に倒れ(不思議なことに、山場を超えるまでは何とか保つ)、長期休暇は病休で潰れる。自身へのケアができなくなる前に手を打つべきなのだが、難しい。自分でも本当にアホだと思う。

そのため、何度か転職して、裁量がより大きい職場に移った。さらに、趣味の一部を仕事にすることにした。論文などの原稿料をもらうほかに、数年前から研究員としての案件も商いはじめた。

近頃は、有識者たる研究者たちにいろいろとご依頼もしている。例えば、研究者たちの意見を聴取して報告書や政策提言をまとめた。顧客の米国本社から役員が来日するというので、意見交換すべき研究者たちに声をかけ、会談してもらったこともある。逆に、顧客が主催する国際会議に日本の有識者も招きたいというので、諸々調整したこともあった。こうした活動をしているので、口さがない友人からは「学者使い」と称される。語感からして、猛獣使いのたぐいなのだろう。各方面に失礼だと思う。

「全部全部任せるなんて誰に教えられたの?」

気がつけば、仰ぎ見ていた怪獣たちと共に仕事をするようになった。いつも踏み潰されながら、その辣腕ぶりに感心する。例えば、筆者はいくつかの共著を執筆してきたが*7、その際、編者の先生から書籍の企画趣旨に沿った「お題」をもらう。それが、死ぬ気で頑張れば手が届くが、背伸びするだけでは絶対に届かないという絶妙な高さに設定されていた。こちらの研究関心と力量を見極めた上で、成長を促しつつ、できたての一番美味しい部分だけを搾り取り、かつ、今後の糧も残す。理想的な奴隷主といえよう。本当に恐ろしくて、「梵天丸もかくありたい」と感じた。

というわけで、趣味が新たな局面を迎ええつつある。「ぼくのかんがえたさいきょうのけんきゅうかい」を現実化し運営することだ。他の研究者も面白がってくれそうな企画を

*7　弥永真生・宍戸常寿編『ロボット・AIと法』(有斐閣、二〇一八)；山本龍彦編『AIと憲法』(日本経済新聞出版社、二〇一八)など

立案し、実現のための各種リソースを引っ張ってきて、（人間関係や相性なども勘案しつつ）ドリームチームを編成し、報告や討議をしてもらうために、ロジを担当してがりがり庶務をこなす。すると、自分で論文を書かなくて済む上に、シナジー効果で一人では解けない大きな問いに立ち向かえる。メンバーがひらめきを得る機会にもなる。直近では、筆者がアレンジした対談企画を契機として、考えていたことが精緻に言語化されたと言ってくれた先生がいて、にやにやしている。

趣味であれば、業績を求めなくてよい。筆者は、業績にカウントされにくいがニーズのある後方支援活動を通じて、怪獣たちを推し、いつの日にか屠ることを目指す。

六　おわりに――同じ地獄で待つ

環境に飲まれると、選択肢がないと思い込みがちだが、実はそうでもない。どこにいても、さまざまなやり方で、研究は楽しめる。他章でも述べられている通り、職業にしなくても研究はできる。筆者のように研究者としてはポンコツでも、別の職種では相対的な需要があって、そこそこ稼げたりする。

他方で、趣味に期待しすぎることは、少なくとも振興政策上は最適解ではなかろう。「在野研究」の隆盛を、研究助成などを増やさない正当化事由にしないでほしいと思う。

変革期を迎えた日本の研究環境は厳しい。領域全体の持続性すら危うい分野もある。

我々がよりよく在れるように、手元にあるカードを確認し、変化に応じ、戦略として自立し、戦術として群れよう。どうせここは元から地獄だ。だから、この地獄を大いに楽しもう。

第三章

四〇歳から「週末学者」になる

伊藤未明

私の研究分野である批評理論は、文学理論や文化社会学を中心として、メディア論、芸術学、思想史（特に現代思想）などと境界を接する人文学の一分野で、その中でも視覚文化論（Visual Culture Studies）が現在の私の研究テーマである。二〇〇八年に、イギリスのカルチュラル・スタディーズ領域の学術誌に、私の最初の論文が掲載されたが、それは環境倫理学、特に動物解放論をめぐる哲学的テクストに添えられる動物の写真や挿絵を論じたものであった。さらに二〇一六年に日本記号学会の学会誌に掲載された論文では、なぜ現代人の生活には矢印記号が満ちあふれているのかを、道路の矢印標識やパソコンのクリップアートに登場する矢印などを分析しながら論じた。

現在、私は東京都内の市場調査会社で正社員として勤務している。大学を卒業して初めて就職した企業は一九九九年に退職したので、今の勤務先は二つ目の職場である。もともと大学での専門は工学やビジネスマネジメントで、その分野で二〇代の大学院時代にアメリカ留学をした経験もあったのだが、今はいわゆる「人文系」の研究にどっぷりと浸かっている。サラリーマンをしながら週末に好きな研究をする生活のことを、自分では「週末学者」と呼んでいる。

一　どのようにして週末学者になったか

大学卒業後に最初に就職した勤務先で体調を崩し、その会社を三五歳で退職した。その後しばらく東京の実家でぶらぶらしていたが、またサラリーマンになるのは嫌だったし、日本にも居たくなかったので、「また留学でもするか」と考えた。留学情報雑誌の「留学相談サービス」のようなところへ行ったら、私が既に修士号を二つ（ＭＢＡと工学修士）持っているのに気づいた相談担当者は、「まだ、勉強したいんですか？」と半ば呆れたように私に言い放った。その一言はかなり啓示的で、「そうだ俺は勉強したいんだ。学者になりたいんだ」と遅まきながらようやく気付いたのであった。もっとも、理工学やビジネスといった「実学」にはもはや興味が無かったので、学生時代に読んだテオドール・Ｗ・アドルノの『楽興の時』という本の強烈な印象を思い出し、アドルノを研究しようと考えた。

いろいろ調べるうちにイギリスの大学院なら修士号を一年で取れるから、貯金や退職金で留学できることがわかり（当時は円高でポンドが安かったということもあった）、イギリス中部ノッティンガム大学の「批評理論／カルチュラル・スタディーズ研究科」の修士課程へ留学することにした。二〇〇一年九月、ニューヨークの世界貿易センターが崩落していくテレビ中継を眺めながら、イギリスへ向かう荷造りをしていたのを思い出す。

ノッティンガムでの修士課程は毎週のセミナー（日本では「輪講」と言うのだろうか？）によるコースで、マルクス、フロイトから構造主義、ポスト構造主義、ポストモダニズムなどの理論家の著作を読んでいった。セミナーの一つに視覚文化論のセミナーがあり、記号論、美術史、映画批評から脳科学に及ぶ文献を読むという、当時としては画期的な内容で、この経験が現在の私の研究テーマにつながっている。修士論文ではアドルノによるオペラ論を取り上げた。思えば英語でアドルノを読むというのも奇妙な選択だったが、最後は「優秀」（with distinction）という評価をもらって修士号（三つ目！）を取得した。教育機関から優秀評価をもらうことなど生まれて初めてであった。

二〇〇二年秋に日本に帰って来たときは学者になるつもりだった。京都大学で教えている友人が、京大に新しい博士課程が出来て学生を募集していると教えてくれたので、二〇〇三年四月に「地球環境学」という名前の博士課程に入学し、フッサールの専門家の先生のゼミ生となった（この先生は、「伊藤さんは学位収集マニアみたいなところがありますね」と私のことをよくからかった）。私はそれまで環境問題にはほとんど関心を持たなかったが、せっかく地球環境学の大学院に入ったのだから、環境問題を批評理論で論じることはできないものかと、京大の図書館で関連する書物や論文をあれこれ調べた（後に、この調査の結果が私の最初の投稿論文になる）。

しかしこのとき私は三九歳で、ここから最短五年かけて博士論文を書くというシナリオに相当な不安を抱いた。京大の友人は、「京大の学位を持っていれば食えなくなることはない」と言ってくれたが、まだ結婚もしてなかったし、生活の不安感は拭えなかった。そこで東京で就職活動をしながら京大に週一回通って講義の出席や図書館での読書をすることにした。そしていくつか会社の面接をうけるうちに、転職エージェント経由で外資系の市場調査会社が採用してくれることになった。

二〇〇四年二月に、京都大学博士課程を退学し新しい職場で勤務を始めた。それまでパワーポイントやエクセルといったパソコンソフトを使った経験がなかったため少し苦労したが、職場の習慣とか色々な職務上のルールなどには直ぐに慣れた。むしろ、市場調査という仕事は研究に少し似ており（テーマを決め、計画を立てて情報収集し、それを分析して結論を導く）、比較的すんなりと新しい仕事に馴染むことができた。そして週末の時間を使って、京大で取り組んだ環境倫理の視覚文化論を論文にまとめた。

久しぶりにサラリーマンの仕事場に入って最も驚いたのは、社員が四六時中ＰＣ上でダイヤグラムとかグラフといった視覚イメージを（ほとんど取り憑かれたように）作り続けていることと、それらの視覚イメージには多くの矢印記号が登場していることであった。なぜ企業で働く人々はこんなに矢印を使った視覚イメージが好きなのだろうか、という疑問が、二番目の論文のテーマとなり、二〇一六年に日本記号学会の学会誌に掲載されたのだった。

二　週末学者になるにあたって心がけたこと

三九歳の私が再びサラリーマンになったとき、「週末学者のスタイルでやっていけるかもしれない」と思った理由は三つある。一つは批評理論のような人文学では書物や文献を読むことができればある程度の研究成果を生み出せるので、大学などの研究機関に所属する必要性は小さいこと。第二に、そうした読書中心の研究は一人でやる活動であり、それが私の性分に合っていると感じたためである。第三に、英語には independent scholar という呼び方があって、学術誌の論文著者の肩書きとしてしばしば目にしていた。「世の中には大学に所属しないで研究する人がいる」ということを早くから知っていたことも、私の背中を押したように思う。当時はまだ「在野研究者」という日本語のタームを知らなかった。

さて、私は二つ以上のことを同時進行させるのはむしろ苦手なほうである。したがって、週末学者あるいは在野研究者としての「二重生活」を有意義かつ楽しく過ごすために、以下のようなことを心がけるようにした。

◉人的なネットワークづくり――人文系の研究を開始したのがイギリスで、最初の論文もイギリスのジャーナルに投稿したので、日本国内の研究者とは全く面識がなかった。友人と読書会をやったり、ビールを飲みながら様々な書物のことを話し合うというようなことが、モチベーション維持には重要だということをイギリス留学中に感じたし、東京や京都で開催される研究会の情報を得るためにも、何らかの人的なネットワークを作りたかった。そのために表象文化論学会と日本記号学会に入会した（学会員に知り合いが居なかったので各学会の事務局に相談したら、快く受け入れてくれた）。

◉毎週一定の時間数を研究にあてること――単なる「自称研究者」になりたくないので、一定のペースでアウトプットを生産しようと思っている。そのためには一定の時間を研究にあてることを日常生活のサイクルに組み込む必要がある。目指しているのは週八～一〇時間だが、これまで一五年間の在野研究を振り返ると、とてもこの目標は達成できなかった（平均的にはせいぜい週四～五時間といったところか）。特に五〇歳を過ぎたあたりから、土曜日の午前中を研究に使うという体力がなくなっているのを感じている。また、月曜から金曜まで、研究から離れた生活をしていると、前の週末で考えていたことが中断され、土曜日に再び頭のエンジンをかけるのに相当エネルギーを使うのも、体力的にはしんどい。年末年始やゴールデンウィークなどはまとまった研究時間が取れるので、思考の連続性が重要となる執筆にあてることにしている。

◉会社の仕事との関係——平日の会社の仕事と休みの日の研究とは別のものとして切り離して考えている。実際、会社の職務内容に批評理論の研究は何の関連も持たないし、研究者としての生活にとって会社の仕事は生活費と本を買う金を稼ぐ以上の意味は無いものと考えている。そういう意味では私の態度はエリック・ホッファー的と言えるかもしれない。もちろん論文で取り上げた「矢印」という研究テーマは、会社員としての生活の中で見出したものだが、だからといって矢印研究の成果を会社の職務に役立てようなどと考えることはない。名刺も、会社から支給される会社員の名刺とは別に、研究者としての名刺を作り、学会などではこちらのほうを使っている。もちろんその名刺には大学名などの所属は何も書いておらず、氏名と専門分野の和文英文表記と個人のメールアドレスだけである。

◉体力づくり——四〇歳になるまでロクにスポーツも運動もやっていなかったこと、前職での勤務で体調を崩して退職したことを考えると、会社勤めをしながら好きなことを続けるためには、何か日常的に体力を維持するようなことを意識的にする必要があると考えた。幸い一定の収入が得られる生活となったので、自宅近くのスポーツクラブに入会して通い始めた。金を払って自分の身体を痛めつけに行くなど、スポーツを忌み嫌ったアドルノが聞いたら痛烈な批判を言いそうではあるが、体調を悪くして好きな研究を続けられなくなることを避けられるなら、アドルノに嫌味を言われてもいいと思った。

◉語学力ブラッシュアップ――京大に在籍していたときに、日本で人文学を研究するには英語が読めるだけでは不足だと痛感した。アドルノであれば日本ではドイツ語で読むのが真っ当な方法なのである。英語以外の外国語の読解力をブラッシュアップするために、何語でもよかったのだが、とりあえず（学部時代の第二外国語で学んだ）ドイツ語を公文式の通信教育で勉強した。

三　在野研究で困ったこと（およびその解決）

大学や研究機関に所属せずに会社勤めをしながら研究を続けることには、もちろん困難もある。第一に研究時間をどう確保するかは、働きながら研究する場合、常に大問題である。特に私のように、研究活動と会社員としての職務に何の関連もないという場合は、どちらか一方の仕事が他方の仕事の時間を奪うような状況になるとかなりの精神的なストレスを覚えるので、そのストレス管理はなかなか大変だ。大学で教えている友人からは、「大学の教員も時間がないのは同じだよ。平日は授業や学事の種々の仕事に追われて、自分の研究をする時間はないのだから」と指摘されたことがある。実際そんなものかもしれないと思う一方、それでも彼の受け持つ授業は何かしら彼自身の研究分野と重なるところはあるはずなので、私のように研究と会社勤めとの間にはほぼ何もオーヴァーラップするものがないという状況に比べると、彼を少し羨ましく思う。しかしその一方で、現在の勤め先での勤務形態はフレックスタイム制なので、残業量や休暇の取得を自分の計画に合わせやすい環境にあり、シンポジウムや学会などに参加するのはさほど難しくない。そうした勤務形態のメリットも活かしながら、時間を確保している。

第二の問題は、文献や資料の入手方法である。ノッティンガムでは「図書館を、人文学者にとっての実験室と思って活用すべし」と教えられたように、図書館が利用できることは言うまでもなく重要だ。しかし最近は、学術論文の入手方法が厄介な問題になっている。というのも海外の学術誌は電子ジャーナル化が進んでおり、図書館に行っても印刷物で読むことができない（特に最近の発行年のものは書棚に並んでいないことが増えている）。私の場合は、仕方なく論文一本あたり三五～四〇ドル程度をクレジットカードでオンライン決済してダウンロード購入しているが、これでは何十本もダウンロードしているうちに相当な出費になってしまう。研究分野のなかには、それほど電子ジャーナル化が進んでいないものもあるらしく、その場合はこの電子ジャーナル問題はさほど重大ではないかもしれない。しかし私の場合は、海外の電子ジャーナル論文への低コストでのアクセスを、どのように確保するかは悩ましい問題である。

第三に、研究テーマの選び方にも工夫が必要であると思った。私の場合、批評理論、哲学、芸術学といった分野の勉強を開始したのが遅かったので、他の若い研究者と比べると私のこれまでの専門書の読書量は大したものではない。ある意味では十分な基礎体力がない状態、と言えるかもしれない。しかしこの量をキャッチアップすることはもう無理だと諦めている。したがって論文を書くときには、できるだけ他の研究者が取り上げそうにないものをテーマにしようと考えている。その例が、現在も続けている矢印の研究である。ビジネスパーソンたちがなぜ矢印をコミュニケーションの道具として好んで使うのか、なんてことを気にしているのは世界に俺一人だろうな、と思ったらテーマは決まったのである。奇を衒《てら》うようなテーマを苦労して探し出す必要はない。職場、家庭、レジャーの場で出くわす事象に研究テーマはいくらでも見つかるはずだ。

最後に、日本国内で、研究成果を発表する場を探し出さなくてはならないことも課題であった。英語圏では、学術誌への投稿は原則として誰にでも可能だが、日本国内では、人文学分野の論文発表の場は大学紀要や学会誌にほぼ限られるようだ。私のように日本の人文系の学部を卒業せず、どの大学にも所属していない研究者にとって、大学紀要への投稿は難しい。学会誌のほうは、学会員であれば論文投稿できるシステムなので、学会に入会することで発表の場を得ることができる。ただし最近、他の在野研究者の話を聞いていると、投稿論文という形式にこだわる必要もないのではないか、と思うようになった。ネット媒体も含めれば成果を公表する場は無数にあるのだから。

四　四〇歳からの在野研究者として気をつけること

職業や家庭などである程度の経験を経てから研究者を志すのは素晴らしいことだと思う。しかし人生経験が長いことがかえって研究の質や進捗を阻害する可能性もある。というのも、人生経験が長いと、人は自身の経験の範囲でしか物事を考えることができなくなってしまいがちで、学術研究はそれだけでは足りないからだ。研究論文は経験を超越して考察することが求められる。そのためには学術研究の形式・手続きを身につけることが必要だ。理系の場合、データ分析や解析の方法論を誰でも容易に身につけられるが、人文系の研究では優れた書物や論文をたくさん読み、自分で学術的な文章を書くことで練習する以外に、正しい研究方法論を身につける道はない。そのための最も確実な方法は（費用がかかるけれども）大学院で学ぶという方法だろう。そこでは研究の進め方や論文の書き方のトレーニングを受けることができるはずだ（もちろん本人がそのための十分な努力をする必要があるが）。

さらに、研究の場における態度の問題もあるだろう。最近は企業を定年退職して大学院に入る人も増えていると聞く。学会の会員から聞いた話によると、そういう人にありがちな誤りとして、見当違いなディスカッションの作法が身についてしまっている場合がある。企業では、顧客や上司の前で何かをプレゼンして質疑応答や討論になると、議論をいろいろな可能性へ開くことよりも、嘘でもいいから一定の方向性の結論を導くことが優先されることが多い。そういう討論の作法が身についてしまった人は、学術的な討論の場でも一定の結論へ辿り着こうというやや強引な議論の誘導を行ったり、もっと悪い場合は何とかその場しのぎをしようとしたりする、ということを時々耳にする。これは私も何となくやってしまいがちなので、できるだけ気をつけようと思っている。

五　いくつかのアドヴァイス

せっかく研究するのだから、その成果を世に発表するべきだし、うまくすると周囲からいろいろな反応が得られて、それはモチベーションにもつながる。ある程度自分にノルマを課すのがいいと思うのなら、具体的な成果目標を決めるといいだろう。私の場合は、一〇年間で査読付きのジャーナルに論文を三本投稿する、という目標をたてた。結果としては一二年で二本までしか達成できなかったが、それは仕方のないことだと思っている。業績がないと職がなくて食えない、というプレッシャーから自由であることが在野のよいところなので、気にすることはない。

もし英語の読み書きができるのであれば、英語で論文を執筆し英米系の学術誌に投稿してみるのもいい。英米系の学術誌は、人文系であっても基本的に誰でも投稿できる（投稿の際には、論文のファイルをウェブにアップロードするだけで済んでしまう場合も多い）。そして論文がアクセプトされ掲載されると、世界中の研究者がそれを読むことになる。自分の論文を引用する論文数が増えると実に嬉しいものだ。私などは会社の仕事で嫌なことがあると、グーグルスカラーでエゴサーチして、画面に表示される自著論文の引用文献数が増えているのを見つけては、自分を元気付けたりしている。もちろん海外の研究者と交流する際の名刺がわりになるという利点もある。

大学の聴講生になることもおすすめである。自分の専門分野で興味深い研究を行っている研究者が、自宅や勤務先近くの大学で講義をしている場合は、勉強の補助として聴講できるどうか調べてみるといい。また、聴講生になると図書館の利用アカウントがもらえる場合があり、図書の貸出や電子ジャーナルへのアクセスが可能になることもある。聴講費用が年間一〇万円から二〇万円程度かかるが、自宅や勤務先の近くの大学の聴講生募集に関する情報を調べてみることをおすすめする。

最後に、私的な読書会や研究会に参加してみるといいだろう。ＳＮＳから私的な読書会や研究会の情報が得られることが多いので、自分の関心あるものに参加してみるとよい。自分の研究テーマに直接関係ない内容の読書会でもよいかもしれない。というのも、そうした会の参加者には在野研究者がいる可能性が高く、そういう人と知り合いになればモチベーションの維持につながる。私も今は友人が主催する月次の読書会に参加している。そこで読む本は、思想書であったり小説であったり様々なのだが、他の参加者と定期的に一緒に過ごせること自体が自分にとっては重要だと思っている。

誰でも四〇歳を過ぎれば個々の仕事や家庭の事情は様々だろう。仕事の条件（転勤の頻度、勤務時間、収入額など）、家庭および本人の事情は複雑に絡み合って、個人の環境を構成しているものである。しかし逆に言えばその絡み合ったいろいろな要因の中に、在野で研究するためにうまく利用できるものがあるはずだ。私の場合は、会社の仕事に取られる時間を自分の裁量で比較的コントロールしやすいことと、家族（妻）の理解が得られたことは、私が「週末学者」を続けていられる重要な条件である。自分を取り巻く環境の中で何か利用できることを見つけて、とにかく第一歩を踏み出してみることに尽きると思う。

インタビュー1

図書館の不真面目な使い方　小林昌樹に聞く

小林昌樹（こばやし・まさき）

一九六七年東京生まれ。一九九二年慶應義塾大学文学部卒業。同年国立国会図書館入館。二〇〇五年からレファレンス業務に従事。専門は図書館史、近代出版史、読書史。編著に『雑誌新聞発行部数事典――昭和戦前期』（金沢文圃閣、二〇一一）などがある。異色の図書館史『公共図書館の冒険――未来につながるヒストリー』（みすず書房、二〇一八）では第二章「図書館ではどんな本が読めて、そして読めなかったのか」を担当した。

在野研究者にとって、公共図書館をいかにうまく使えるのかは、研究を成功させる一つの鍵だ。たとえば、エリック・ホッファー（アメリカの哲学者）は、図書館の近くに居を構えることで知的資源へのアクセスを確保していた。ここでは、国会図書館の司書である小林氏に、図書館の有意義な活用法を聞く。

慶應大学の図書館から国会図書館へ

――まずはどういうきっかけで司書になられたのでしょうか？

小林　私はもともと西洋史の研究者志望だったんですよ。図書館員になろうなんて全然思ってなくて。本は好きだったけど。学費、大学院の費用を稼がなければいかんということで、私は慶應大学だったんですが、当時、学生嘱託っていう慶應の図書館の制度があって。午後の三時から夜の九時まで。正職員に準じた扱いで働けるの。社会保障もつくし、その代わり毎日行かないといけないんだけど、一年間やりまして。途中で、研究者とかはちょっと自分は力不足でできないなと思って、どうしよう、というときに、「ああ、こういう仕事もあるのか」と気がついたんです。

一年間慶應の図書館で働いたのは、これはとてもよかったです。図書館にもいろいろ細かいやり方があり、館によって流儀が違うところと同じところがある。標準的に同じところは図書館情報学で習うんだけど、各館でちがう慣例もいろいろある。例えば、一五時に必ずお茶の時間がある。私の図書館学の恩師もそれを目当てに図書館学を専攻したと言ってたから、どうやら業界の古い慣例だったみたい。お茶してるから遊んでるように見えるんだけど。あとから考えると実は、その時間帯に細かいノウハウの伝授がされていた。なんていうのかな、調べ物の仕方とかって、細かいTipsの集積だから、体系的な教科書で一度に覚えるんじゃなくて、この場合にはこうっていうのがジャンルごとに結構違う形であったりするんですよ。そういう細かいTipsを伝えるのに、体系的な授業や座学じゃなくて事例が発生したその時に、「今日の午前中の来館者の質問はコレコレで」と一五時にちょっと話す、っていうのがどうも効いてたらしくて。そういう機能もあった。もちろん労働環境の問題として、お茶したいっていうのもあったんだろうけど。大学図書館に限らず、昔は図書館横断的にそういう慣例が成立してたのは、そういう側面もあったからなんだろう、なんていうふうに私はちょっと最近考えてますね。

その後、図書館情報学科に二年行って、それからいまの職場に入りました。

最初は資料の「出納」をしました。二〇年くらい前までは国会図書館にもキャリアパスのモデルがあったんです。最初は大卒でも高卒でも幹部職員候補でも出納手を二～三年やる。昔は正職員が本の出し入れをやってたので、とにかく最初はそこに入って、いろんな客が来ることを体感するというのと、書庫の中に何百万冊も本があるから、それを全体として理解する。そのあとで、分類屋さんになって本の整理をしたり、今の私みたいに来館者の調べ物の相談相手になったり、調査員、調査及び立法考査局って言う部署だけど、議員先生の調べ物の相談を――事実上代行なんだけど――したり。そんな感じに分かれていく。ただの事務の会計係とかもあるけど。そういうふうに分かれていくキャリアパスが昔はあったので、最初は本の出納でした。今は出納手の部分を全部外に出しちゃったので、正職員は最初から、何々系って言うんですけどね、調査系とか参考系とか整理系とか――今は「書誌系」って言うのかな――分かれてキャリアが始まっているみたい。昔は最初の二～三年の下積みで国会所蔵本の全体感、あるいは客の顔っていうのが感覚的にわかるのがよかったんだけど、ハンパに合理化した結果全体性が失われちゃって、他の部門のことは知りませんっていう真面目な人が増えました。あと、日本が不景気になって、昔は国会図書館って就職先で全然人気がなかったんですけど、人気が出ちゃったので、真面目度とか学校歴がすごい上がったんですよ。それが文化機関としてはまずかったと今は思いますけど……。

真面目すぎると誰も得しない

――真面目ということで思い出すのですが、最近の国会図書館は文献のコピー可能範囲にかなり厳しく、運用側も利用者も面倒が増えるだけで誰の得にもなってないように思うのですが……。

小林　あれはどうにかしないと駄目だと思う。慶應だとちゃんと真面目で有能なスタッフなんだけど、そこらへんは現場では結果がよいほうにやりましょうっていう。国立大学でもないし、私大でもあるし、それなりにスタッフもやりたくてやってる人たちが多いので、そこは気持ちよく本来の司書業務ができた。

国会図書館のいまの複写実務で、いちばん困るのは結局独学者。あそこが最終的な逃げ込み場所というか、独学者だとあそこからしか取れない情報もあるので。図書館用語で、「ラストリゾート」っていうフレーズがあって、国立図書館に行けば最終的に貸してもらえるっていう言い方があったの。これは一九八〇年代に国会図書館で使われた言葉。そういう意味では最近あまりよくないなとは思ってはいますね。

私の親はブルーカラーから脱サラで、プラモデル屋さんをやったんですよ。で、そういうちっちゃな商店の世界しか私はわかんないから、大きな組織がどのように動いてるのか、官僚制のいい面も悪い面も国会図書館に入ってすごく勉強になりました。こういう言い方をすると同僚達は怒っちゃうんだけど。同僚達はみんな大真面目にやってるのよ。全体感やミッションがわかんなくなっちゃったなかで、法律にこう書いてあるからとか、よく読み直すとこうだからっていう形でどんどんコピーが利用者に厳しくなってる。私は、私立大学の図書館で働いたり、商店主の息子だったりするから、それで得するのは誰なの、そのように解釈したら誰が得するの、と考えるけどね。例えば、自分たちが外郭団体を持ってて——昭和三四年まで「春秋会」（複写代行の財団）っていうのがあったけど——そこにコピーさせれば取れるけど、他は取れないとかっていうならまだわかるのよ、誰かが得をするから。だけど、最近のは誰も得しない。我々も手間が掛かって面倒くさいし、お客も怒るし、じゃあ著作権者が儲かるのかっていうと全然関係ない。この世の誰もが得しないっていう法文や解釈はやっぱり困るなと。

——小林さんは出納以降はどんな内容の業務を？

小林　レファレンス、議員さんでなく一般向けレファレンス部門を参考系って言うんだけど、それになりました。でもその前に、六年間、毎日分類番号を付けるだけの仕事もしましたね。自分の嫌いなジャンルや知らないジャンル、見たことも聞いたこともないような本は読まないとわからないから、長めに見る。結局それが今ものすごく役に立ってます。自分は絶対に読みたくないもの、医学の手術の本とか、あるいは土木工学でトンネルの工法、シールド工法とか、死ぬまでまったく縁もゆかりもないものが、一応、あっ、この話はナントカ学、道路工学の下位区分だなとか、いや、だけどよく考えたら鉄道工学でもこんな本あったなっていうのがわかる。それが結局今役立ってる。カウンターに出ると、他課の担当も含めてお客さんが来ちゃうから。なんていうのかな、病院に喩えると、質問とかその調べ物の悩みっていうのもある種の病気で、いろんなお薬を処方すれば疑問という病が、治っていくんだけど、そもそもこれは何科だったら処方が出せるのかっていう、総合案内っていうのかな、総合科っていうのかな。そういうのがわからないと答えが出なくなっちゃうんですよ。で、そういう全体感を知るのに全ジャンルの本に分類つけたのはすごくよかった。

現場との連携がものをいう図書館学

——研究者を諦めたというお話もありましたけど、小林さんの口吻に触れていると、図書館学研究者といっても過言ではない経験の裏付けがあるように感じます。とくに近年出版された『公共図書館の冒険』所収の「図書館ではどんな本が読めて、そして読めなかったのか」は図書館利用者側から見た一つの通史にも受け取れる興味深い論文でした。ご自身では研究者の自覚はないのですか？

小林　私自身は研究的なことをする趣味人と自己規定してます。古本マニアというのかな、そんな感じ。慶應の図書館情報学科でレファレンスサービスの概論をやってくれっていうので、週に一回だけ教えに行ったりしてますが。大学はしばらくぶりに行って、ものをきちんと考える雰囲気があるから楽しいところではあるけれど、なんていうのかな、図書館学って医療と同じで現場、臨床のある学問なんですよ。だから、新しい問題とか新しい解決法って実は現場のほうから出てくる側面がある。おそらく私が慶應に、講師に呼ばれたのは、現場の人間で現場の問題をうまく言葉にしたりとか、それを既存の体系にうまくくっつけたりとかが割と得意だからだろうなと。日本の図書館学って基本的にアメリカのものを翻訳してやってる感じで、特に戦後はずっとそれでやってたんだけど、一応我々日本の世界、日本語の世界に住んでるので、その中で新しい問題や海外にない解決法がある。私の親が満州生まれなので、必ずしも内地だけの話じゃなくて――「内地」っていうのは戦前の言葉だけど――「外地」も一応日本語世界だったので、日本語世界のことであればどこの問題でも興味を持ちたいとは思ってますけどね。

『公共図書館の冒険』に関していえば、司書課程の人たちじゃなくて一般人向けの図書館史の本ってあんまりなくて、最近は特に全然ない。結局、これはみすず書房の社長だった持谷さんが――今は会長だけど――こういう本を読みたいと、知り合いだった編者の一人、柳与志夫さんに――こちらは国会図書館のOB――言って、急遽集められて書いたんです。だから本好きや出版人、編集者のための本なの。最近、出版業界と図書館業界が仲悪いでしょう。で、なんで仲悪くなったのかもよくわからんし、本当に仲悪くなる必要があるのかどうかもわからない。そこらへん、少なくとも図書館業界が今なんでこうなのかがわかる歴史の本ないの、っていうので作られた。図書館員って割と、あるいは図書館学研究者でもいいんだけど、真面目な人たちが多いので、今の枠組みを所与のものとしちゃうか、それをいいものとして書いちゃう。外から見て、ここはすごく変とか、いや違う道もあったよね、少なくとも六〇年代まではあったよね、とかっていうような書き方ができないのよ。私みたいに、ある種、身過ぎ世過ぎで図書館界に来ちゃった西洋史専攻くずれのほうが自由に書ける。だから、一緒に書いた人は日本史の出身者とか社会学出身者とかで、学部から図書館学の人ってほとんどいない、一人ぐらいしかいないんじゃないかな。

レファレンスサービスの使い方

——こんなことを聞くのは失礼かもしれませんが、私はレファレンスサービスって使ったことないんですよね。なんか人に聞くのも億劫かなと思っちゃいまして。こんな考え方ってけっこう損してるんでしょうか？

小林　レファレンスサービスって一番華々しいのはカウンターの質問回答（利用者の質問に回答すること）なんだけど、部屋の中にレファレンスブックをうまく並べるっていうのも仕事の五割から八割ぐらいを占めていて。つまり、お客さんが自力で、適当な本を見て、パッて答えが出て帰ってくれればそれが一番いいのよ。代行業じゃないから。代行業だとお金を取らないといけなくなっちゃうんですよ。アメリカで開発されたレファレンスサービスっていうのはそういうものではなくて、やっぱりセルフヘルプの国だから、自分でなんとかする人のためのカラクリを用意するのが本道。確かに人も居るんだけど、それは自力で本を見て答えがうまく見つけられないときに初めて聞いてもらえばいいので、それが一番正しいの。

そもそも自分の得意なとこって聞く必要ないのよ。だけど、何かを、自分のレポートでも好きなものでも何でもいいんだけど、体系的にきちんと調べたい、といったような場合、例えば実はこれは、道路工学に関係するのかもしれない、だけど道路工学ってどう調べればいいか、文学研究の自分にはわからないっていうときに聞けばいいの。あるいは、道路工学の分類の所に行って、そこで一生懸命やったらなんとなくわかっちゃったら、それでいいんですよ。そこらへんは日本の図書館員が誤解してる部分がある。つまり、質問回答が華々しいから、あれを一生懸命やるのがいいことなんだ、たくさん受けてたくさん答えると、いいことなんだっていう誤解。だけど、黙って来て黙って帰ってきて、それで解決していればそれが実は一番いい。

聞き方でいうと、難しいレファレンスとかの場合には、特に人文系の場合には長めにお話をすることをお勧めしますね。つまり、利用者がカウンターでする最初の質問って、利用者の知りたいことに関連するけど最終的に求めることとは違うことだったりとか、例えば自分が先祖調べで、小林鉄次郎という人について知りたいと思っていても、いきなり「小林鉄次郎について教えてください」とは普通言わない。「明治時代の道具屋さんって、履歴わかりますかね」とかって聞き方をするのよ。だけど、調べる側としては、そういう漠然としたものだと逆にわからなくて、小林鉄次郎っていう固有名をゲットしたほうが早い場合もある。特に最近いろいろなデータベースもあるので。

それをどうやって聞き出すかっていうのがこっち側の問題としてはある。だからいろいろ話す。どうしてそれについて調べてるの？っていうところも含めて。最初のとっかかりのところだけ、「明治の道具屋」で会話が終わってたら、「それについてはわかりません。無名の道具屋については、戦後だったら電話帳とか使えばわかるけど、その時代は史料がないからわかりません」と言って、あっという間にゼロ回答で終わっちゃうんですよ。だけど、小林鉄次郎っていう名前をゲットできれば全然違う。例えば、戦争に負けるまでは日本の男性のほとんどが兵役に一度行くので、そっちのほうで何か出るかもしれないし、それはいろいろな手がまた別に考えつくので。

司書の調べ方

――ご自身が論文をお書きになったり、調べものをしたりするときには、どんなものを頼りにしてますか？

小林　これ一応、学問ジャンル別にメモにしたりしたんだけど……。実はですね、図書館員なのにというか、だから、というのかな、インターネット上にデータベースがいろいろあることはもちろん摑んでいるんですけど、最近よく使っているのはグーグルブックスなんですよ。

二〇〇六年にミシガン大学の日本研究課程が持ってた本が大量に入って、文字化けだらけなんだけど、結構いろんな本の本文レベルの言葉が直接引けるようになったわけ。で、さっきみたいな固有名であれば、「明治時代の道具屋」だったら駄目なんだけど、「小林鉄次郎」だったら速攻で資料情報をゲットできたりするから。図書館史やるのでも、出版史や読書史やるのでも、固有名に変換する一般技法が使える。例えば「明治時代の雑誌の歴史」っていったらその代表は博文館なんだから、「博文館」っていう固有名に変換すればどのジャンルの本に証言や研究が出るかなっていうのがグーグルブックスでわかる。聞いたこともない人名だったら、人名をボカンと入れて、あっ、この人はなになに時代の人だなとか、どういう産業に関係してたかっていうのがわかれば全然違うし、そこからまた違う調べ物の仕方が出てくるので、そういう意味で予備的に必ず引くっていう感じが多いかな。

ユースフルなデータベースをうちの人文課がリンク集にしてるのがあって、これがインターネット上に出しているものなんですけど、私は家でもよく使います。いちいちリンク先とか、ブラウザにブックマークするのは手間でしょう。だから、この「人文リンク集」を自分の趣味の研究のために使っちゃってますね。あとは、戦前のことを調べるのが好きなので、戦前の雑誌記事索引として使える皓星社の「ざっさくプラス」。

国会図書館は結果として使いますが、そこでも読めないものとしては、やっぱり非流通系が少ないですね。似たようなものに限定本や趣味の本。あと、エロ本の収集率もきわめて悪いです。一度計量した人がいて、二割ぐらいしか入ってないという話です。あと、紙モノは、カレンダーとかは「これは本じゃない」というので、集まったものをポイと捨てちゃうし。あと、業界（紙）誌もかなり少ないですね。戦前は内務省へ検閲のためにすべての出版物が集まったんだけど、そこから帝国図書館には単行本しか送られなくて、新聞や雑誌はみんな捨ててたらしいんです。だからあまりない。帝国図書館が改めて集めたものしか残ってないので。

――そんなとき頼りにするのが古本屋ですか？

小林　うん。基本はね、週末の古書展ですね。「古書即売会」ともいうもの。あれは行くっていうよりも「通う」ものなんですけど。

図書館学では探される文献を「既知文献」と「未知文献」に分けるんです。すでにこういう本があるよとか、誰々さんがこんな本を書いてるはず、っていうのを既知文献。未知文献っていうのは見たことも聞いたこともないもの。見たことも聞いたこともないものをどうやって見つけるかっていうのはいくつかやり方あるんだけど、一つがその古書即売会に行ってぶらぶら見る、ブラウジングすること。毎週末にある古書展は古本屋さんが同人形式でやってるんで、自分向きの同人を見つけて、ああ、何々展のときには行こうかなとかっていって行くっていうのが一つありますね。例えば、江戸時代の和本を見つけたければ和洋会とか新興展とか。何が国会図書館に無いのか私がよくわかるようになったのは、ここ十数年古本市、古書即売会に通うようになったからです。

館内キャリアの最初のところで、本の出し入れ、つまり出納手をしたでしょ。それも効いてるのよ。一応、国会図書館の本を全部見たことがあるから。個別に覚えてはいないけど、ああ、こういうタイプの本、初めて見るなとか、あ、この手は、そう高額納税者名簿、あそこでよく出し入れしたなとか、最近出てないなとかって体感的にわかっちゃう。

――素晴らしい活きた知恵ですね。その方法を応用してみますと、在野研究者であっても、興味がないようなジャンルの本もいろいろ手に取ってパラパラってめくってみたりすることによって本一般に対する感度がよくなっていったりするものでしょうか？

小林　感度は上がる上がる。まさしくおっしゃるとおりです。品揃えの量じゃなくて幅、種別っていうのかな、種別の幅においては、国会図書館の書庫の中よりも古書即売会のほうが幅は広いのよ。一般の古本祭ってあれはちゃんと業者が一般人向けに整理をしたものを出してくるから綺麗なものに揃っちゃうんだけど、週末の古書展に行くと、もうぐちゃぐちゃでわけわかんないものがいろいろある。それで幅っていうのが実は担保されてるのでパラパラめくるといい。仕事で国会図書館の図書を全部「見た」私が――「読む」のは不可能――言うのだから間違いないです（笑）。

在野の向き不向き

――図書館で閲覧できる資料の種類によって、在野研究に向いているもの、向いていないものがあるように感じるのですが、その点はいかがでしょう？

小林　在野に向いてるっていうときに、二つ要因があると思うのよ。つまり、さっきの真面目さの問題なんだけど、価値観と方法の両方を自由に設定できるっていうのかな、例えばエロ本ばかり集めてある種の研究がほんとはできるはずなんだけど、やっぱり普通の大学の専攻だとそれがすごいやりづらい。大学にも税金もかかってるから、研究の意義をいろいろ説明しないといけないんだけど、そもそも説明ができないから新しい研究なのであって。だから、新しい学問っていうのはやっぱり在野向き。それは歴史的に言うと大正昭和の民俗学もそうで、彼等は帝国大学と無関係に研究をして、その成果を一生懸命ガリ版で自費出版したり、あるいは研究書も含めて資料を古本で調達したりするのよね。図書館にはそもそもそういう本が無かったり、出ても絶版で買えなかったりするときに、古本屋さんを一生懸命使う。あと、書誌学もそう。日本の書誌学っていうのが結局、江戸時代までの古い本しか扱わないんだけど、大正時代に古本マニアが出てきて、彼等が近代本の書誌学を始める。明治時代の出版物を集めてきて、当時は一見ありふれた印刷物なんだけど、これにもある種の意味があるんだよっていうことを始めたり。最近だとマンガ学ね。マンガ研究をやってる人は、図書館はほとんど使えない。米沢嘉博記念図書館ができたけど、二〇年前はマンガを集めてる図書館ってほとんど無かったんじゃないかな。あとは定番のものとして郷土史とか地域史の研究と、これはいつでもそうなんだろうけど生活文化史とか、マンガ学もそうだけどサブカルや大衆文化の歴史もそうですね。

私も元はやっぱり古本マニアだったから、今でもそうなんだけど、集まるとそこから何かしたくなっちゃうものなのよ、分類ができちゃったりとか、これはこう発展したんじゃない？　とかって。コレクターから在野研究に流れるっていうのが一つのパターンなのよね。ただ、これに関しては一度、戦前に猛烈な論争が――「趣味と研究」論争っていうのがあって。コレクター趣味を研究にしちゃいけない、無粋なものにしちゃいけないんだっていう、あくまで趣味でやろうとする人たちと、いや、自然に研究になったらそれはそれでいいんだよっていう、これはブックコレクターの中の論争なんだけど、知ってる人は知ってるけど普通は知らないかぁ。戦前のブックコレクターで斎藤昌三という人がいたんだけれども、その人とやっぱり趣味人の三田平凡寺――この人は、マンガ研究の夏目房之介のおじいさん――とで、趣味と研究論争があったの。

――小林さんが専門にしていた西洋史になるとちょっと厳しいですか？

小林　歴史の古いところ……なら図書館を頼ってもできるんじゃない？　例えば古代ローマ史だったら、向こうの出土、要するに考古学的な出土品も全部文献に一応なる。古代ローマのお墓の碑文だったらもう碑文の、本文レベルを収録する全集が出るとかね。古い時代だったらできるんじゃないのかな。あるいは近代の初頭の社会思想史とかだったらできるんじゃないかなっていう話があるね。

――国会図書館ではいくつか洋書も受け入れてますよね。あれって何か基準があるのでしょうか？

小林　結局納本で集まるものじゃないので、国会に役に立つもの、法律とか政治の本がメイン。だから、文系の話だと、有名な作家の全集とかは入るけど、それ以外は入らないとかね、そんな感じですね。

洋書を新刊や古本で買うことは、アマゾンとかで個人だと格段にやりやすくはなったんです。お金さえかければ取り寄せられるようになった。ただやっぱり、ブラウジング、総覧するっていうのかな。それがちょっとしづらい。さっきの図書館でもそうなんだけど、大学図書館、なんらかの形で慶應とか大きな大学の図書館に入ればいいんだけど、ちょっと普通は入れないでしょ。今は国立大学の東大とかの図書館、少なくとも総合図書館は入りやすくはなってるけど、あれも一応「何かを見たいから」っていう入り方だったと思います。

本当は使えるようにすべきだと私も思うんだけど。使えますよっていっても結局貸出はできませんとか、大学院生向けのフロアは入れませんとか、結局なんらかの制限がかかってて、アカデミックな肩書のない独学者にはちょっとね……。

それでも残る図書館の意義

――図書館に本が入りづらいジャンルの研究は、難しいと同時にアカデミシャンも手がつけにくいフロンティアのような印象を与えますね。

小林　そうね、だから、古本屋の専門分野が自分の興味と重なるんだったら、そこと仲良くするのもいい。そこの古本屋のオヤジはそれについての本は一通り知っている。専門店になる過程でそれ系の人がお客さんでついたりするので、情報源を持ってる。今、私は、出版史などを専門にしている金沢文圃閣さんと仲良くしているので、彼が上京したときに飲み会とかすると、それはそれでいろんな周辺情報、研究情報とかが、学界系とは違うものとしてわかるんですよね。そういうのがいいところかなっていう気はする。

趣味でいろいろ研究してみると、いわゆるアカデミズムの研究、先行研究はないんだけど、趣味人が先にいて、彼らがなにかいろいろ書いてたりすることがよくあるんですよ。最近私、雑誌の歴史を研究したいと思っていて、雑誌の研究って割と最近の流行りではあるんだけど、二〇年ぐらい前まではあまりなかったんですよね。特に戦前には全然なかったとされてたんだけど、よくよく調べると、やっぱり古本マニアが、雑誌について研究誌じゃないんだけど、コレクター同士の連絡誌――「趣味誌」って呼ばれたの――みたいのをガリ版で出してたりとかしてるのよ。それこそなんで気がついたかっていうと、週末の古書展に行ったら、三〇〇円でへんてこりんなガリ版がぺらって置いてあって、見たらそれだったの。慌てて図書館員としてのスキルを総動員してどこかに残ってないかとか、記録はないかとかっていったら、持ってるところは図書館系はないんだけど、一応何年から何年まで出たかはわかった。

インターネットはね、やっぱり紙の本との組み合わせ。まず、Windows95以前の世界の情報はネットに無いに等しいか、あっても新聞、読売新聞とか朝日のデータベースみたいにあとから作って過去に遡及してるものだから、ほんとに頼れるものはちょびっとしかない。だから、ネットには過去が無いんだけど、なんていうのかな、それ以降だったらいろいろ「2ちゃんねる」も使おうと思えば使えるし。あと、ただ一方で、その、さっきのグーグルブックスみたいな形で、本にたどり着くための手がかり、インデックスとしては十分使える。そういう意味ではウィキペディアもよく使います。ウィキペディアの項目を見て、そこに文献の引用があればそっちに戻ればいいし。あるいは自分が本当に専門として知ってるジャンルであればウィキペディアをそのまま読んでも、そのパラグラフごとにそれが正しいかどうかわかっちゃうので、図書館学のことだったらほぼわかるとかね、出版史だったらほぼわかるのでそのままもう使えるんだけど、そうじゃないジャンルの項目を仕事で使うんだと、一旦はその本来の文献のほうに飛んで。

それでもなお図書館に意義があるってところは、誰でも使えるとか、お金が一応いらないことになってる。本を選ぶ際には政治的中立性にすごく気を遣うとかね。あと、古書店は営利組織だから潰れることがあるけど、図書館は潰れたりするのはよっぽどのことがないとね。

あと一応、間違ったことでも相手してくれる、答えてくれる相手がいる。これね、アメリカで計量したらしいんですけど、レファレンス担当の答えで正しいことを言ってるかどうかを数えたら厳密には半分ぐらい間違ってたのかな。少なくとも正しくはなかった。ただ、おそらくさっき言いましたように、質問回答はとば口に過ぎなくて、そこですぐに本当に正しいことがゲットできなくてもいいんですよ。正しさを判断するのはお客さんなんで。そう考えると、とりあえず文献に基づいた答えが返ってくることは返ってくる。Yahoo!Q&Aとか新しくできたけど、あれはかなりの部分、答えがついてないものが多いと思いますよ。比べると、Q&Aのほうがたくさんあるし、たまたま本物の専門家が出てきて答えてくれればそれはそれで図書館よりも正しい答えになるし。けど、質問が全部答えられてるかというとそうでもない。それに対してレファレンスカウンターだと、必ずしも満点でないかもしれないけど、一応すぐ答えてはくれるから、自分で考えたり調べたりするとっかかりになる。「現状でそれはわからないんですよ」といった答えも、ちゃんと文献を調べてあればひとつのよい答えなんです。

第四章

エメラルド色のハエを追って

熊澤辰徳

一　プロローグ　名も知らぬ小さなハエとの邂逅

一匹のハエが目の前の葉に止まっているのを見つけた。そのハエを追いかけているうちに、私は在野研究の道に足を踏み入れていた。

この章は、小さなハエとの出会いで人生が変わった、一人の生き物好きの体験を綴ったものだ。

大学院に在学していた時、私は大学のキャンバス内にある小さな栽培場で、マルバ

マルバオモダカの葉の上にいるアシナガバエ科の一種（ウデゲヒメホソアシナガバエ）。すべてはこの一匹のハエからはじまった。

オモダカという水草を育てていた。マルバオモダカはため池などに生えているが、護岸工事などの生育環境の改変もあり、絶滅が心配されている植物のひとつだ。私はこの植物の繁殖方法を詳しく調べ、保全に繋げる方法を模索するため、数十株を育てて栽培実験をしていたのだった。

夏のある日、私は水面に浮かんだマルバオモダカのハート型の葉を一枚ずつ計測していた。そこに飛んできたのが冒頭のハエだった。

体長およそ三ミリ、メタリックグリーンの体に、細く長い脚。ちょうどその頃カメラで拡大撮影をすることに興味を持ちはじめており、マクロ（拡大）レンズで写真を撮った。エメラルドの欠片のようにも見え、なんともメカニカルでかっこいい姿だった。こんなハエがいるのか。じっと見ていると、一瞬で視界から姿を消してしまった。

いったいこれはなんと言うハエなのか。後日名前を調べると、アシナガバエという見た目の印象そのままの名前で呼ばれていることがわかった。しかしそれはあくまで総称で、正確な種名はいくら調べてもわからなかった。アシナガバエと呼ばれる仲間は世界で八千種ほど見つかっているが、その研究はまだ途上で、日本だけでも数百種の未知の種がいると推定されているということだった。こうした状況はアシナガバエに限らず、微小昆虫を含む比較的知名度の低い生き物ではよくある話であることも知った。日本の昆虫の種数は知られているだけで約三万種だが、実際には未知のものを含めて一〇万種はいるとも考えられている。とりわけアシナガバエを含むハエやアブ、カ、ガガンボなどの仲間（生物分類学的には双翅目《そうしもく》という）は、日本だけでもあと一万種前後の未知種がいると考えられている。つまり私が偶然目にしたハエは、研究を進めれば新種や日本新記録種になるかもしれない、正体不明のハエだった。

私は栽培実験の間にハエの採集や撮影をはじめた。私は大学院の一年生で、そろそろ将来をどうするか決めるべき時期に来ていた。

二　職業研究者か、在野研究者か

海辺の埋め立て地に隣接する準工業地域のそばの町で私は生まれ育った。マンションや工場が並ぶ中、街のスキマにある小さな乾いた公園と護岸整備された川、時々死んだ魚が浮かぶ防波堤越しの濁った海が、私の周りにあった自然だった。図鑑やテレビで生き物に興味を持った私は、身近な場所で虫や鳥、魚などを探して遊んでいたが、限られた種類の生き物しか見つけることは出来ず、外で生き物探しをする機会は少なくなっていった。それでも生き物への興味は失わず、中学・高校では、出会えないあまたの生き物に思いを馳せて、環境問題や生物多様性の保全に関心を持つようになっていた。大学では、生き物について深く学べる学部を志望し、神戸大学の理学部生物学科に進学した。四年生の時に植物の生態学を研究している研究室に入り、学部を卒業後、そのまま大学院に進学して研究を続けていた。

そして、大学院の前期課程を出て修士として就職するか、後期課程に進んで博士号を取り、職業研究者としての狭き道を目指すか、選択を迫られていた時に出会ったのが冒頭のハエだった。私は研究が好きだ。とはいえそれを仕事にすることを目指すかどうか迷った。しかし、私が最も関心を持っていたのが生物の生態や分類についての研究だったため、「趣味で研究をする」という選択肢が出てきた。

もともと、生物の研究は歴史的にアマチュア研究者が大きな役割を果たしてきた。知られざる生き物を見つけ、観察し、捕まえて収集・分類する。それが生物学の始まりであった。今では特別な設備や多額の資金が必要な生物学研究の分野も多いが、採集道具やルーペがあれば、まだまだ新しい発見をすることも十分可能だ。幸か不幸か、生き物の種類は人間が数百年調べたくらいでは追い付かないほど膨大で、その生きざまも恐ろしく多様だ。つまり、まだまだ在野の研究者が活躍できる分野であるのだ。大学院在学中、研究会に参加した際に趣味として研究を行っている人たちと関わりを持ったこともあり、「生き物の研究は趣味にできる」と確信した。

結局私は生物学と特に関わりのない一般企業に就職し、大学を離れた。それと同時に、在野として研究活動をはじめた。研究対象には、大学で研究した植物ではなく、アシナガバエをはじめとしたハエ・アブの仲間を選んだ。植物も好きだったが、ハエやアブの方が研究の余地が大きく、ブルーオーシャン（未開拓分野）に思えた。もちろんアシナガバエの美しさに魅了されたというのが大きな理由だったし、趣味でやるなら、最初の動機はそれくらいで十分だろう。

三　テクノロジーに後押しされた在野生活

研究に取りかかるに当たって、まずは身近なところからアシナガバエの仲間を捕まえて、種類を調べはじめた。研究の進んでいない種を調べるのは極めて大変で、図鑑一冊読めば解決、というわけにはいかない。顕微鏡で体の各パーツを細かく観察しながら、似た種について世界中で書かれた文献（記載文という）を集め、それらを読み解き、手元にある標本と同じかどうかを検証していく。記載文とは、ある種を新種として発表する時に書かれる文章で、新種の根拠となる標本（模式標本という）の特徴が書かれている。その記載文が学術的な手順を踏んで発表された時、はじめてその種が新種として認められる。

文献の数は膨大だったが、テクノロジーの進歩が収集を助けてくれた。二一世紀に入り、高速通信ができるインターネットが恐ろしい勢いで普及し、論文などの文献が無料公開される動き（オープンアクセス化）も進んだことで、自宅にいながら古今東西の文献の電子データを集めることが可能になっていたのだ。それでも手に入らないものは大学図書館（私のいた大学では、卒業生も大学図書館を利用できる）でコピーをとったり、他の研究者を通じて手に入れたりすることになるが、電子メールで世界中の研究者に複写依頼し、データを送ってもらうこともできる。本職の研究者のつてを辿って海の向こうへエアメールを送り、返事を待つ時代は過去のものになっていた。文献の入手以外にも、インターネットを使った意見交換や交流も容易にできるようになった。

テクノロジーの発展によって研究活動を行いやすくなったのは、インターネットの話だけに限らない。研究に不可欠な顕微鏡や高性能のカメラなども、一昔前からすると低価格化が進み、容易に手に入るようになっている。こうした環境があったことも、在野で研究に挑戦しようと思えた理由の一つだ。

一方そうした活動と並行して、ハエについて調べた情報をまとめたウェブサイトの作成を進めた。ハエの情報をまとめたサイトは少なく、論文や文献に載っている情報がインターネットで調べても出てこないことは日常茶飯事だった。私はもとより「みんなが注目しているところに乗る」ことより、「誰も手をつけていないスキマを埋める」ことの方が面白いと感じる性分のため、インターネットに一切出てこない情報をまとめて提供することに熱中するようになった。もちろん、研究途上でまだ世に出さない方がよい情報や、貴重な種類の生息情報（詳しく載せると乱獲されることがある）など、出すべきでない情報にはできる限り注意を払った。そうして、日本のハエ情報をまとめたウェブサイト「知られざる双翅目のために」を公開した。とはいっても、アシナガバエの最低限の情報を除く大部分は工事中という状態で、勢いで世に出したようなものだった。今も少しずつ更新しているが、完成にはほど遠い状態で全世界に公開されている。

このウェブサイトを作るに当たって、一つこだわっていることがある。それは、主要な内容については日本語と英語を併記しておくということだ。例えばひとつの分類群についての説明に簡単な英語要約をつけたり、日本語で書かれた文献のタイトルの英語表記をつけたりしている。日本のハエ情報を世界中のハエに興味のある方に向けて伝えたかったからだ。日本語で書かれた情報はほとんど日本でだけ流通し、海外の研究者や愛好家にはなかなか届かない。日本のハエ情報をまとめて英語で発信しているサイトは皆無に近かった。しかし日本のハエに関心がある海外の方も多いはずだと、翻訳サイトを活用しながら、つたない英語で記載をすることにした。これが当たりだった。

ウェブサイトを公開してしばらくすると、ときどき海の向こうからメールが届くようになった。多くは、私のページで紹介した日本語文献を手に入れたいというものだった。予想通り、日本語の文献タイトルの英語表記を載せたことで、ほとんど国内でしか知られていなかった文献が世界の研究者に発見されることとなったようだ。そうしたメールを送ってくれたのは、ほぼ決まって海外のアシナガバエ研究者だった。

ある日、一通のメールが届き、私は驚いた。メールの差出人は、ロシアの大学で何十年も双翅目の研究に取り組んでいるN教授だった。これまでにアシナガバエの重要文献をいくつも出版し、数百種類の新種を発表している、現在のアシナガバエ研究でもっとも影響力のある研究者の一人だ。やはりインターネットは侮れない。

そんなN教授からのメールの用件はやはり、日本のアシナガバエに関するある文献を手に入れたいというものだった。その文献は『はなあぶ』という雑誌に載った、関東地方のアシナガバエの採集記録の報告文だった。『はなあぶ』は、ハエの採集や研究に取り組む方が集まる双翅目談話会という研究同好会が出している会誌で、ハエについての新発見が掲載されることも多い。双翅目談話会の参加者の多くはアマチュアであるが、プロにも見劣りしない研究成果をあげている人も少なくない。いわばセミプロといえる存在だ。アシナガバエの報告文を発表したのも、関東地方で活動されているアマチュア研究者のTさんだった。

私はTさんに、ロシアのN教授からコンタクトがあった件を伝えた上で、報告文のデータをN教授に送った。これが、ロシア・関東・関西の三者による共同研究のはじまりとなった。それから数年にわたり、ロシアにアシナガバエの標本を送ったり、日本やロシアの文献を互いに送り合ったり、記載文の執筆や校正、図や写真の作成を行ったりと、未知のアシナガバエの正体を明らかにするべく、分担して論文作成を進めた。標本のやりとりは郵便で、文章の校正や議論はロシア語訛りの英語と日本人の英語で書かれたメールを通して行ったため、私は未だにN教授に直接お会いしたこともロシアを訪れたこともない。

そんなやりとりを続けた結果、二〇一八年までに八本の英語論文と何本かの日本語の報告文を出し、一四の新種と二〇種程度の日本新記録種を共同で発表した。主著者はN教授であり、私の貢献度合いは高くないが、標本調査や英語論文の作成など、得難い経験を積むことができた。

四　在野の「研究員」として活動する

こうした研究活動を進める上で大いに助けられている制度がある。それが、研究機関の「外来研究員」の制度だ。これは何らかの研究活動を行っている人が、研究機関の収蔵資料を使って研究を行えるよう、「研究員」として登録できるというものだ。研究機関によって、客員研究員や外部研究員など様々な名称があるが、その機関に雇用されるわけではなく、ボランティアとして活動するための制度として設けられていることが多い。

私は大阪市立自然史博物館という自然科学系の博物館で、外来研究員として活動している。標本収蔵庫には未調査の双翅目標本が大量にあり、比喩でなく本当に一生分の研究材料が眠っている。また、私の研究に欠かせない文献も世界中から集められており、大学図書館にも無いような貴重文献が揃っている充実したコレクションを利用できる。そして、対外的に博物館の研究員という肩書きで活動できるというのは、これといった所属を持たない在野研究者にとってはとてもありがたい。論文発表の際には所属する研究機関名を明記することが求められるため、在野の場合は自宅住所を記載することもあるが、私は基本的に博物館の外来研究員名義で投稿している。他の方に自分の研究活動を紹介する際にも、この肩書きがあると説明しやすいというメリットもある。

また研究員として登録したことで、研究活動を行って一定の成果を上げなければという思いを持つようになった。趣味なのだから気が向いたときにやればいいというかもしれないが、一度研究を離れると自分の知識が古くなったり、採集や標本作りの腕が鈍ったりすることは避けられない。そのため、研究を長く趣味として続けたいと思うと、ある程度活動を続ける必要があると思っている。しかし一人ではなかなか研究への熱意を保つのは難しい。私の場合、共同研究の相手を作ること、そして研究に関係する場所に顔を出すことが、適度なモチベーションを維持する方法である。

まず共同研究の相手を作ることだが、これは私の性格上、人と一緒にやっている以上は途中で投げ出せないぞという気持ちが強いので、一人ですべてをやる研究より、誰かとやる方が成果になりやすいということだ。実際私の研究は、今のところほとんど一人で完結することがなく、誰かが採集した標本をもとに記録を発表したりすることが中心だ。こと生物分類学の研究となると、他の地域に生息する同じ種または似た種と比べるために、研究者の協力が必要な場合も多い。またそうして共同研究することで、間違った結論を導くことを防ぐことにもつながる。アマチュアが独力で完成させた研究は、残念ながら間違いが含まれることも少なくない。研究の質を上げるためにも、標本調査や原稿のチェックなど、他の研究者、できればその分野の職業的研究者の協力を得て進めることは重要だ。生物分類学などの分野では、プロの研究者がアマチュアとの共同研究に積極的であることが多く、アマチュア側としてもプロと組むことで研究を進めやすくなる。

インターネット経由で共同研究者と出会うことも多い。私はホームページで「不明な双翅目についてお気軽にお問い合わせください」と連絡先を出している。日本では不明なハエやアブのことを問い合わせられる場所は、あるにはあるが少ない。そのためか、大半が未完成の私のサイトにも、時々問い合わせをいただくことがある。その中には、標本を送るから調べてほしいというものもあり、そのまま共同研究に繋がることもある。私がメインで調べているアシナガバエばかりでなく、いろんな種類の双翅目の質問が来る。多くのハエの分類は大変難しいので、必ずしもきちんとした答えが出せるとは限らないが、見知らぬ種のことを調べるのは面白いし、知識のアップデートにもなる。そして何より、自分では捕まえられない種や珍しい種が混ざっていることも多く、貴重な発見となることもある。調べる時間が足りず、返事を待ってもらっている案件もたまってきているが、研究したいという原動力の一部となっているのは確かだ。

そしてもうひとつ、研究に関係する場所に顔を出すこともモチベーションを保つ大事な方法だ。私の場合は、前述した双翅目談話会のような研究会に加えて、生物系のイベントに積極的に参加している。

主に参加しているのは、自然科学や人文科学など学問全般を扱う「博物ふぇすてぃばる！」や、生物学に特化した「いきもにあ」という、作品の展示販売や研究発表を行う個人・団体が多数集まるイベントだ。私はそうした場で、友人と一緒に発行している無料のウェブ雑誌『ニッチェ・ライフ』の紹介を行っている。この雑誌では、私が研究しているハエ・アブの仲間をはじめ、友人が研究しているミクロ生物（ミドリムシなどの顕微鏡レベルの微生物）や、私が好きなコケの仲間など、あまり目立たない小さな生き物を取り上げた記事を掲載している。上記のようなイベントの場でそうした生き物の実物を展示することで、雑誌に興味を持ってもらおうと試みている。

『ニッチェ・ライフ』は、生き物に関する発見や活動の報告、研究手法の紹介などを、プロ・アマチュアを問わず手軽に投稿・掲載できるウェブ雑誌にしようと始めたものだ。生き物についての学術的な成果を世に出すためには、論文や研究会の会誌で発表することが一般的だが、研究に馴染みがない人にはハードルが高い。そこで、様々な生き物について写真一枚から投稿できるような雑誌を作ることを目標にした。

私がこの出展と『ニッチェ・ライフ』の発行を続けているのは、より広く自分の研究対象や好きな生き物を知ってほしいという思いと、自分でも生き物の発見をしてみたいという人が増えてほしいという思いからだ。生物の謎はあまりにも多い。一方で職業として生き物の基礎的研究をできる人は限られている。ということは、在野で生き物のことを調べる人が増えることで、まだ見ぬ生き物の生きざまが解明されていくはずだ。また、知られざる生き物の存在を知って大切に思う人が増えるほど、むやみな開発や環境改変によって多くの生き物の住みかを失う状況を食い止め、未知の生き物を守ることにもなると信じている。

ちなみにこの二つの活動がきっかけで、イベント出展時に声をかけていただき、『趣味からはじめる昆虫学』（オーム社、二〇一六）という本を書かせていただけることになった。

タイトルの通り、趣味として昆虫研究に携わるためのノウハウをまとめた本であり、観察や採集、飼育、撮影、標本作成の手法だけでなく、発見を研究成果として世に出すまでの方法と心がまえを網羅的に取り上げた。

五　仕事と家庭、時々研究者

こうして振り返ると、私の場合、大学を離れてからの方が、多様な形で研究活動に関わってきたように感じている。大学で研究のやり方の基本を身に付けられたことは重要だった。しかし、論文を出したり学会発表をしたりするだけが研究への関わり方ではない、ということを強く意識するようになったのは、在野で活動しているからだと思っている。身近な生き物を観察して記録するという最も基本的な取り組みも、積み重ねていくと貴重なデータになる。生物学は、市民科学的に誰もが気軽に関わりやすい分野のひとつだ。

もちろん私は在野研究者になることそのものを目標にしているわけではない。在野はあくまで研究をするスタンスのひとつであり、私がいま関心を持っている分野の研究に取り組むためには、敢えて職業研究者を目指すのでなく、在野でいることが一番良いと思っているからそうしているまでだ。

しかしやはり課題もある。私の今の最大の課題は、仕事や家庭がある中で、研究の時間をどう確保するかだ。この文章などの原稿書きや論文読みなどは、大体満員の通勤電車のなかで、それもスマホでやっている。採集や標本を使った研究は帰宅後や仕事の休みを利用することになるが、幼い二人の子どももいるため、独り身のときに比べると研究のスピードはゆっくりになっている。幸い妻は研究を続けることに理解を示してくれており、時間を作ることにも協力してくれている。ただし時間を勝ち取るためにはプレゼンテーション（話し合い）が必須だ。今ならいいかとコソコソやろうとするのではなく、家族の動きや予定をふまえて、これくらい時間がほしいと妻に交渉し、協力を得て少しずつ進める、という具合だ。『趣味からはじめる昆虫学』の執筆時に上の子が生まれたときは、病室にパソコンを持ち込んで執筆して、なんとか締め切りに間に合わせた。よく許してくれたものだ。

研究者というのは一回なればずっと研究者というわけでなく、長くアウトプットを出さなくなったら、そのときは研究者とは呼びがたいのではないかと思っている。今は自分を在野研究者と自称することもあるが、成果を出せない時期が長くなると、そう自称するのはやめようと思っているし、だからこそ細くでも研究に関わることを続けようと思っている。

六　エピローグ　「一匹のハエ」は、きっとすぐ近くにいる

大学に入った頃、私は自分が在野としてハエの研究をすることになるとは全く思ってい

なかった。その頃は、研究者というのはひとつの職業のようなイメージを持っていたが、今は、研究者とは生き方のひとつだとよく思う。ハエの研究をはじめてから、昔遊んでいた小さな公園に足を運ぶと、子どもの頃には知らなかった微小な生き物がたくさんいることに気付けるようになった。研究に取り組むことで、いつも見ていた身近な景色の見え方も変わってきたのだ。

興味があることを掘り下げて調べたり実験したりして、誰も知らなかった新しいことを（時にはそれが新しい発見だと気づかないまま！）見いだす、これは実に研究的な営みだと思う。そう考えると、自覚の無いまま研究者的なことをしている人は意外と多いのではないかと思っている。例えば、インターネット上に身近な所で見つけた生き物の写真をアップしていたら、これまで記録のなかった種が発見されるということも近年増えており、写真投稿サイトやツイッターの投稿がきっかけで書かれた論文も出ている。研究者になる入口やそれぞれの研究スタイルは多様化している。思わぬことがきっかけで研究者になることが増えてくるだろう。

私は生き物が好きだ。生き物の種類はあまりにも多く、生きざまは多様だ。私はまだ知らぬあまたの生き物と出会いたいし、そんな生き物が沢山いる環境を長く残したい。そのためにも、気軽に研究に挑戦できて、在野を含む研究者がさまざまな形で活躍する社会を夢見ている。そしてこの文章が「一匹のハエ」のように飛んでいって、まだ見ぬ誰かが研究者になるきっかけになればいいなと密かに願っている。

第五章 点をつなごうとする話

内田明

一 活字にのめり込む

なぜ筆者が近代日本語活字の歴史研究というマイナーなテーマにハマることになってしまったのか、話は四〇年程遡る。

カセットレーベルに曲名を記す、キレイに書けると嬉しい。美術の授業が好きだった中学生の頃に粒の揃った文字を手書きする楽しさを味わった。高校では運動部を怪我でやめ、通学路沿いの市立図書館で乱読した。写植の『文字をつくる』（中村征宏、美術出版社、一九七七）話に興味を持ち、プラ板を加工して内照式の表札を作った。小説も読んだが、様々な学問で起こった「常識の枠組みが変わる」出来事が面白かった。革新的な仕事を残すことに憧れた。

家業があるわけではなかったので、美術方面への関心を封印して受験勉強し、いわゆる旧帝の文学部に入学した。旧帝に入れば自分でも「何か」の研究者らしきものになれるのではないかと無根拠に期待していたが、「これ」という対象が見つからない。消化試合のような生活を続けることに耐えきれず中退し、改めて「大卒の社会人」になることを目標に地方国立大の経済学部に入り直した。家庭教師と大学生協書籍部の店員、そして日通配送センターでの仕分けを卒業までの三本柱とし、この他長期短期で様々なアルバイトを経験した。

ミニコミを出していた友人を介して戸田ツトム『森の書物』（ゲグラフ、一九八九）などを知りＤＴＰでの本づくりに興味を持った。デスクトップ・パブリッシングと呼ばれるプロの作業が、ワープロ等でミニコミの版下を作っている我々の作業と同じ地平にあるのだと思えた。ドット文字での仮名書体なら技術的にはすぐにでも作れるという啓示を受け、ワープロの外字領域を活用したオリジナルの手書き風48ドット仮名フォントを作成した。カセットレーベル書きで身につけたマイ書体。

卒論の中身はスカスカだった筈だが、省庁出身教授のゼミで研究も一般の仕事同様ＰＤＣＡを意識せよ、計画・実行・検証・軌道修正だ、と指導されたことは覚えている。

周囲からは印刷・出版系等に就職するものと思われていたが、本とは無関係な業界の地方中小企業の東京支社に勤めることにした。色々な職種を見聞しまた経験できそうなところが良いと思い、また都心近くに住むことで「何か」が見つかるのではないかと期待した。ミニコミ誌や同人誌などの担い手が食うための仕事と「やりたいこと」を切り離して考えることを当然視している様子に影響を受けていた。

いざ勤め始めると、バブル崩壊の影響で右肩下がりの業況から、十分な新兵教育のないまま戦場に放り込まれただけだった。大学でパソコンの基本操作を習った「経験者」だということから平日は毎日大量の事務処理で残業し、会社近くの六本木ＷＡＶＥと青山ブックセンターに立ち寄って気分転換をしてから帰宅した。休日は秋葉原等に出かけ、どんなソフトウェアをどう使えば業務を楽にできそうかと考え続けた。仙台の本社に移籍することとなり、休日の秋葉原で考え続けていたエンドユーザ・コンピューティングでの省力化を推進した。月末月初が忙しく残業が必要なのは変わらないが、中間期に時間の余裕が生まれた。

今思えば、時間と体力に余裕のあるうちに業務関連の「士業」資格やＩＴ系の資格などを取っておけば良かったのだが、人生を長期でちゃんと考えられるような機能が備わっていれば、そもそも最初の大学を中退していない。

幸い同年代の地方在住サラリーマン中央値程度の収入は得られていたので、自宅用として『森の書物』以来憧れだったＭａｃ（低価格版 Performa シリーズ）を買い求め、アドビ・

イラストレータを触るようになった。黒崎政男『哲学者クロサキのMS‐DOSは思考の道具だ』（アスキー、一九九三）で興味を惹かれパソコン通信を始めた。同書第八章には大量のテキストデータがCD‐ROMとして流通していくことで「一生ものの地道な研究成果が数時間の検索で完了する」時代が人文系研究者にも到来したことを実感する話が書かれていて、古典を電子テキストにするという事業に畏敬の念を覚えた。ウインドウズ95の発売に伴って生じた「ホームページ」の流行を受けてローラ・リメイ『HTML入門――WWWページの作成と公開』（武舎広幸ほか訳、プレンティスホール出版、一九九五）を読み、原題にある「Web Publishing」という言葉に痺れた。そう、誰もが、世界に向けて、パブリッシュできるのだ！

二　Kandataフォントをつくる

フロッピーディスクに収まるデジタル作品の即売会であるフロッケ展などで盛り上がっていた日本語デザインフォントに興味はあったが、フォント制作ツールはまだ高価かつ欧文用ベースであり、素人が気軽に試せるものではないと感じた。実らないアイデアスケッチをしつつ、フォント技術、文字コード、HTML等の勉強をした。

この頃、パソコン雑誌を通じて「青空文庫」の活動を知り「工作員」となった。またJIS漢字規格を拡張してコンピュータで扱える文字を増やす計画の存在を知り、小池和夫・府川充男・直井靖・永瀬唯『漢字問題と文字コード』（太田出版、一九九九）を読んだ。

　計画中の新ＪＩＳ規格に収録される第三・第四水準拡張漢字*図1を表示できるパーソナルなコンピュータ環境は整っておらず、安価な日本語フォント制作ツールが登場したことから一部有志がフリーフォントを作成しつつあった。制作途上のものが公開されていたKandataという芥川「蜘蛛の糸」由来の名を持つフォントも、その一つ。自分でも何か貢献できることがあればと思いフォント制作ツールを導入し、新ＪＩＳ対応を目指していたフリーフォント群のデータを一通り確認してみた。倫理的に好ましくない事態*図2が横行しているようだった。

　二〇〇〇年夏、新しいＪＩＳ漢字規格Ｘ２１３の成立を受けて青空文庫は「新ＪＩＳ漢字時代の扉を開こう！」という試みをしている。その鍵となったKandataフォントのうち仮名部分と拡張漢字部分が実はＭ書体（仮称）の改造版由来だと密かに確信し、Ｍａｃ版に変換・配信していた富田倫生氏（青空文庫の主宰者）にだけは、現況がリスク含みの状態であることと近い内に自分が対処するつもりであることを打ち明けた。Kandataの第一・第二水準基本漢字のデータは、当時フリーＰＣ-ＵＮＩＸ界で自由フォントとして扱われていたＷ書体（仮称）が使われていた。同年暮れから、「Ｗ」の骨格バランスを参考にして新ＪＩＳ拡張漢字のデータを整備する作業に着手した。フォント全体の第一印象で最も「Ｍ」色が濃

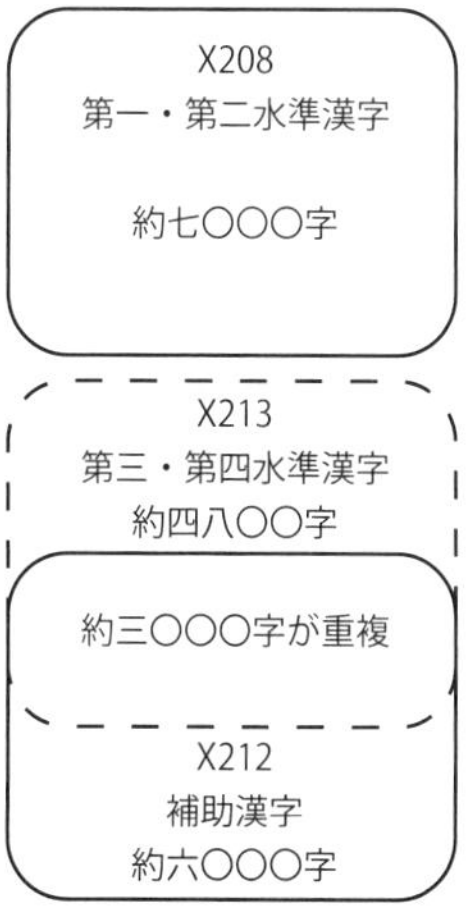

図1　一九七八年に策定されたＪＩＳ漢字規格Ｘ２０８では、約七〇〇〇の漢字をＯＡ機器で扱えるようになった。一九九〇年には約六〇〇〇の漢字に文字コードを割り振るＪＩＳ補助漢字規格Ｘ２１２が策定され、一般用にはウインドウズ98で実用化された。新ＪＩＳ漢字規格Ｘ２１３は約四八〇〇の漢字を第三・第四水準拡張漢字として定めＸ２０８と同時に扱うことを意図している。

かった仮名文字は、密かに温めていた自作デザイン書体に置き換えた。これには、成澤正信『Ｍａｃで文字デザイン』（グラフィック社、一九九九）と林隆男『書体を創る』（ジャストシステム、一九九六）を導き手とした。

丸一年かけてKandataから「M」由来のデータを無くし、素性が知れない欧文系や記号のデータも一新。また『漢字問題…』に感化された結果もう一年かけて基本漢字も「ヒゲあり・屋根つき」字形の比率を高め、併せて常用漢字を旧字体で実装するフォントを手がけようと思い立ち仮名の書体を古い活字に取材したものへ切り替えようと試みた。昭和一三年に解散している東京築地活版製造所の活字を素材候補にしたいが、既にフォント製品化され

①

図2① アウトラインフォント制作ツールを使うと、自分で描いたアイデアスケッチや参考資料をスキャンしたデータなどを下絵として取り込んで、輪郭線を自動トレースすることも出来るし、ベクター画像編集ソフトと同じ要領で、手作業で外形線を引いていくこともできる。

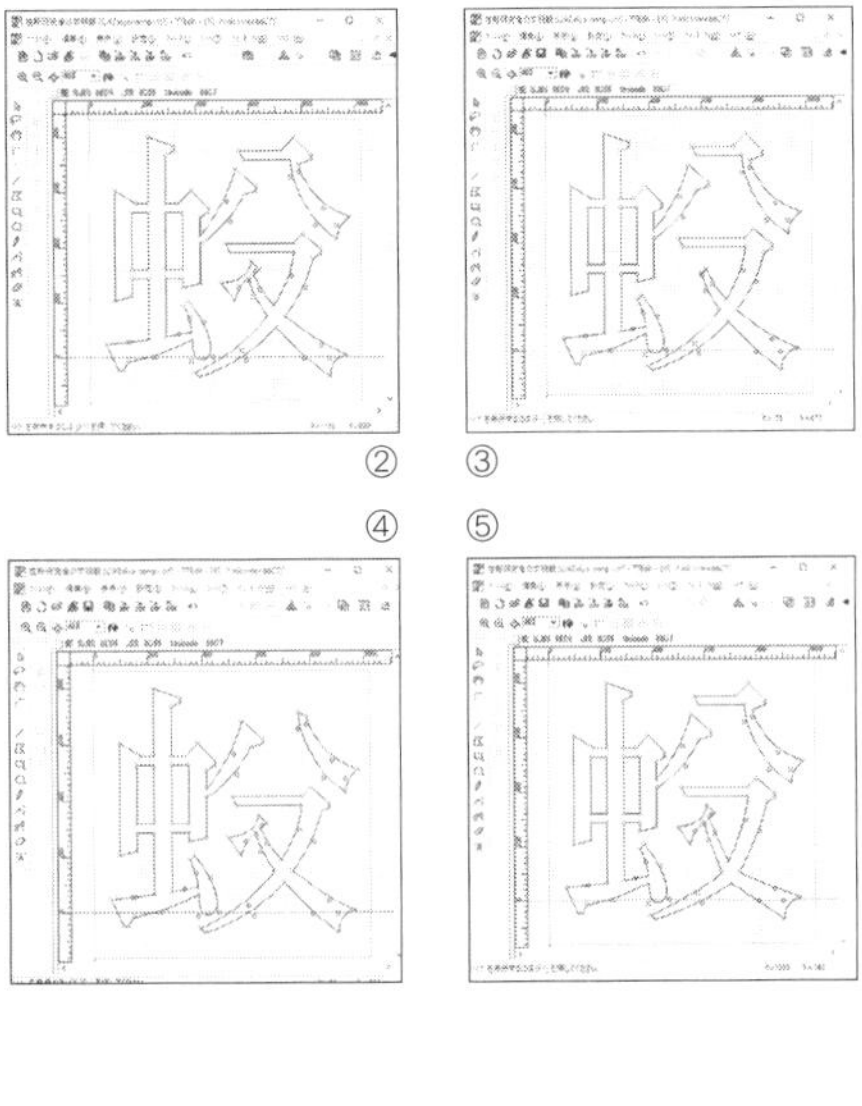
②　③　④　⑤

図2②③④⑤ 新しい文字データを一から作り出せるのはもちろん、技術的には既製品から文字データをコピーして改造することも出来る。例えば、②が元のデータだとすると、「又」のヒゲを剃ったり③、「八」の屋根を取ったり④、「乂」の交点をズリ下げたり⑤といった単純な操作で、一見単純なデッドコピーではない印象に出来る。また一般的なフォント開発でも行われる工程として、第一水準漢字「塘」の旁（唐）のデータと第二水準漢字「璋」の偏（王）のデータをコピペして第三水準漢字「瑭」の元データを作り、その後微調整する、といったことも容易に行える。

ている築地活版の「前期五号」そのものや「後期五号」そのものは避けたい。『漢字問題…』の府川充男「当今『漢字問題』鄙見」には古い活字の資料が大量に掲げられており、更に府川『組版原論』（太田出版、一九九六）と西野嘉章編『歴史の文字——記載・活字・活版』（東京大学総合研究博物館、一九九六）、印刷史研究会編『本と活字の歴史事典』（柏書房、二〇〇〇）を手に取った。

日本語活字・印刷史に関する常識の枠組を大きく変化させる書物群であることに興奮した。

従来、明治初期にスタートした近代日本語活字の歴史について、長崎の蘭通詞だった本木昌造という人物が幕末に日本語活字の制作を思い立ち、上海で印刷技術者をしていたアメリカ人から「電胎法」という金属活字製造技術の教えを受けて大小様々な「号数活字」を開発した——と説明されていた。小宮山博史、府川、鈴木広光らが明らかにしたところによると、東洋学が隆盛する一八世紀のヨーロッパで漢字活字開発が始まり、中国への進出を目指す様々な欧米人のグループが一九世紀のアジア各地で大小の漢字活字群を付け加えていった、その技術と活字そのものが丸ごと移植されることで本木昌造グループの日本語活字がスタートしたというのだ。

強く興味を惹かれた。が、素材となる資料探しが先決だ。

府川氏の論攷や講演録を見ると、築地五号仮名の前期から後期への移行期に関する記述には揺らぎと幅があり十分には状況が判明していないようだったのだが、中間的な形態が見つかれば素材として面白い。そう考え、二〇〇二年にサービスが始まったばかりの国会図書館近代デジタルライブラリーで資料を探すことにした。見当をつけたデジタル資料の実物が身近に見つかれば良い。大手出版社の明治三〇年前後刊行のものに焦点を当て、博文館が自社印刷したものを素材とすることにした。社史によると博文館は印刷事業の開始にあたって築地活版から活字を買い求めていたという。古い活字を素材に使うことに関して、活字書体に関する知見が余りにも不正確な昔のデザイン書に基づくクレームがあったものの、数か月かけた近デジ調査によって、これは築地「前期五号」*図3から「後期五号」*図4への移行期に相当する素材であると八割方確信できた。

ともあれ Kandata の作業は一段落。

――と思った翌年に、この「Ｗ」もまた別の商用ビットマップフォントを機械的にアウトラインフォント化しただけのものだったことが発覚した。全く気づいていなかった。

Ｍａｃの新ＯＳでは二〇〇二年から新ＪＩＳ対応フォントが標準搭載されたが、ウインドウズは未対応。新生 Kandata フォントとその源データは、元の権利者と契約を交わした上で公開を継続させてもらうこととなった。

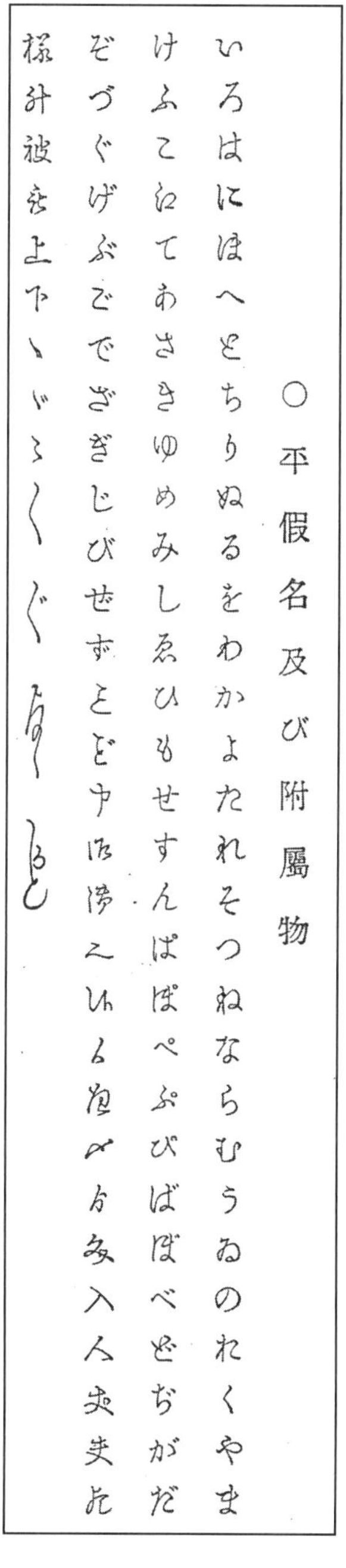

図3　築地「前期五号」活字見本帳の例　東京築地活版製造所『五號明朝活字書體見本』（明治二七年六月）小宮山博史コレクション

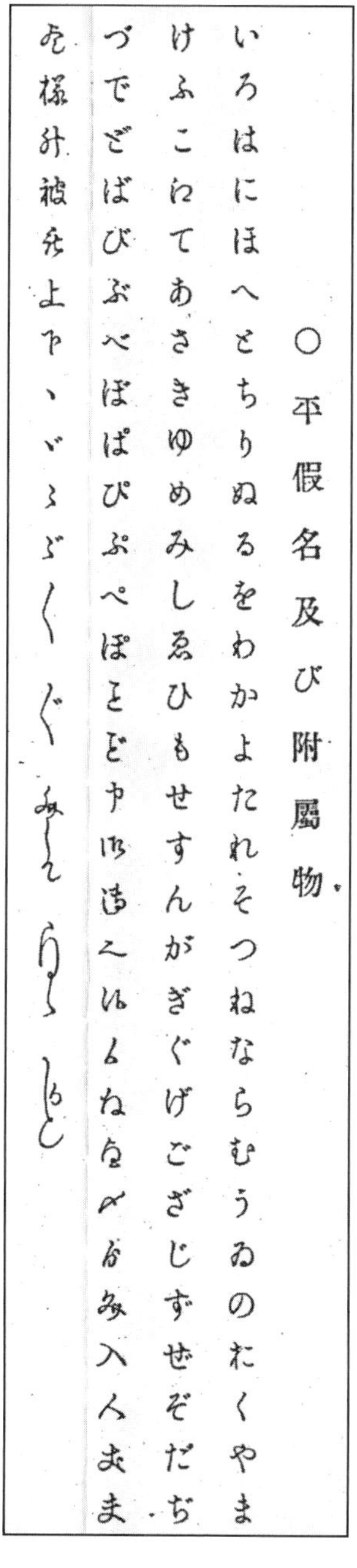

図4　築地「後期五号」活字見本帳の例　東京築地活版製造所『五號明朝活字總數見本　全』（明治三一年四月）武蔵野美術大学美術館・図書館蔵（コピー資料）

三　Oradanoフォントをつくる

この「W」問題を受け、二〇〇三年六月、Kandataのために単純な原則で自分が制作した英数字や記号のデータと活字由来の仮名だけを収録し、「W」由来の漢字データを全く含まないフォントを作った。二〇〇三年六月「公有＝我々の」という意味でOradano明朝と名付けて公開した。

問題は漢字である。自宅のネット回線がダイヤルアップ接続からISDNになり定額で利用可能となったことから、築地活版による印刷物で三号の漢字活字を大量に使った資料を近デジで探そうと考えた。近デジ資料はフォント化の素材資料として使うにはかなり画質が荒いが「骨組み」を参照するには役立つだろう。五号仮名の素性に関する確信を一〇〇％に近づけたいという欲もあり、総当たり作戦を始めた。

本来は資料の検索項目に「印刷者」の欄が用意されボタンひとつで検索できるようになっているべきものと思うのだが、国会図書館が採用している日本の書誌採録規則では「印刷者」情報は原則対象外。やむを得ず近デジの絞り込みで「明治二〇年発行NDCn類」のリストを作成し片端から奥付をチェック、印刷者が築地活版だったら使われている活字が何であるかを確認、一通り終わったら「明治二一年発行」…という具合に、力技でやり通すしかない。自分も『哲学者クロサキの…』風に言う「ボタンひとつ」の時代を生きているつもりだったのだが、まさか「一生もの」の地味なリサーチを手がけることになるとは夢にも思わなかった。二〇〇二年一〇月に三万三千点でスタートした近デジは、総当たり作戦を始めた直後の二〇〇三年八月に突如五万点ほどの公開数になった。検索リストを作り直した。国会図書館に七年通った府川氏よりも出納を待つ必要がない分楽な筈と信じて、牛のように超然と押していく日々。

牛歩の果てに扉が開いた。

近デジ総当たり作戦により、「前期五号」から「後期五号」への移行の様相がほぼ判明した。これは、世界に向けてパブリッシュ!するべきではないか?

会社の「ホームページ」作成の予行演習も兼ねて二〇〇二年に自宅サーバを建て、tDiary（ツッコミ・ダイアリー）というブログ運用システムを導入していたのだが、二〇〇四年にシステムをリニューアルし、「明治三一年築地体後期五号仮名のはじまり」という記事を公開した。パブリッシュ＝公刊の形態はブログ記事だが、文章の組み立てとしては短い論文として通用する形式を意識した。一週間ほど後に府川氏からコメントを頂戴した。自分にとって、学説史にきちんと接続する形で小さいながらも新しい研究成果を生み出したと思える初めての体験だった。偶然手がけることになった近代日本語活字の歴史研究に、面白さを感じた。

築地三号活字の手頃な資料を見つけ出すことにも成功し、Oradano 明朝フォントに約千文字の漢字データを加えて最低限の責任を果たせたと考えることができるようになった。「必要十分な文字数」を満たすデザインフォントをたくさん作ろうと呼びかける「FONT1000」というプロジェクトが定める基本漢字相当の文字種を備えることに概ね成功したのだ。

四　活字研究を本格化

以降、個人の余暇活動として可能な範囲での活字史研究を進めてみることにした。最初の近デジ探査で、もっと色々なことが解りそうだという手応えを感じていた。ネット回線はＡＤＳＬ時代に突入し、近デジ資料の読み込みに耐えられる速度となった。どうせ全資料を見るのなら築地以外でも印刷者名を全て記録した方が面白いと考え、最初から総当たりをやり直した*図5。

当初は先達が残した〈設問の空欄〉を埋める作業からスタートした研究活動だが、基礎調査の量が増えるにつれ、「問題」それ自体が見つかっていなかった事柄の発見も出てきた。その一つが明治前期に活躍した博聞社という出版社による独自活字の存在である。現在ＳＮＳアイコンに採用している「う」の字は、この博聞社の四号活字が素材だ。更に調査を進めるうち、本文が漢字カタカナ交りか平仮名交りか……等もメモしておけば日本語研究的な観点の面白さが見えてくるかもしれないと考え、また作業を組み立てなおした。一万点ほど目を通した。何本かのレポートを自宅サーバで公開した。府川氏からは、さあ本を出そうと持ち上げられていたが、実現はなかなか難しいようだった。

この頃は大学図書館が一般市民に開放されはじめた時期でもあり、そうなってみると仙台は地方都市の中でも恵まれた方だと思われた。東北大、東北学院大、そして宮城県立という百年級の歴史を持つ図書館があり、印刷物の現物調査が欠かせない活字サイズ研究の道が開けた。この三館が持っていない資料を仙台六大学中の他館が持っていることもあった。当時の勤務形態が曜日を問わない月六日休日制だったことも利点で、平日限定開館の印刷図書館を目指して上京するチャンスがあった。夜行バスで日帰り往復する体力がまだあったので、首都圏の図書館類も数多く利用し、近県にも出かけた。

漫画のフキダシ書体史の通説に異を唱える話をブログに書き、SNSミクシィで見つけた『アイデア』誌編集長のアカウント宛に自己紹介と一度ブログを見て欲しいという通知を送った。当時、四〇歳になったばかりの旧友を二人立て続け

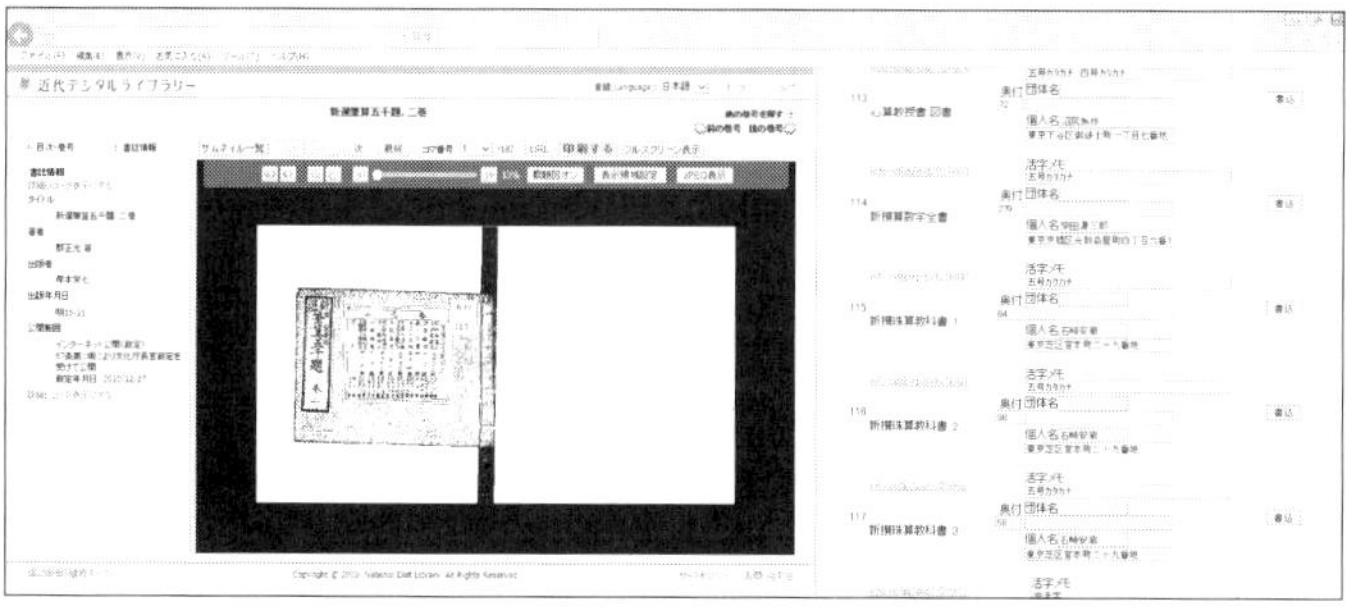

図5　自宅サーバでPHPによる簡易データベース構築を考えていた。左ペインで近デジ資料を閲覧しながら、右ペインで入力というイメージ。日本語学など周辺諸分野でも近デジ資料を「ボタンひとつ」で絞り込みたいことは多々あるようだと感じ、機械的に拾える内容でどこまで書誌の拡張が行えるか、使い勝手のチェックと並行して項目の検討を繰り返した。結局、本格稼働させるには至っていない。二〇〇三年に五万点ほどだった「インターネット公開」のNDLデジタル化資料の「図書」資料は二〇一五年五月には三五万点に達しており、個人で太刀打ちできる分量では無くなっている。

に亡くし、いま・ここにしか紙碑を残すチャンスの前髪は無い！と一人で勝手に焦っていた。二〇〇九年、同誌三三六号の企画で声を掛けていただき、「来るべきマンガタイポグラフィ研究のために」というテキストを寄せた。ウェブで文章を公開してきた自分にとって、与えられる字数制限の範囲でどれくらいの分量の事柄を述べることができるのかを実感する機会や優れた編集者の助言で推敲するという状況はなかなか得難く、貴重な経験をさせてもらった。同誌にはその後何度も関わらせて頂いた。

ブログ記事として公表していた幾つかの調査研究成果が小宮山・府川編『活字印刷の文化史』（勉誠出版、二〇〇九）へ採録された。ほどなくして府川師は病を得て現役を退いたので、師が盛んにエゴサーチしていた時期に研究活動をスタートできたのは、自分にとって大きな幸運だった。また、今後も研究を続けるものだと認知してくださった小宮山先生からは、セミナー等で講演をする機会や勉強会に参加する機会を何度も頂戴した。深謝の限り。

二〇〇九年正月からは、独学による印刷史研究の驚くべき活動記録だと偶然判った徳永直『光をかかぐる人々』に光を当て直す活動を始めた。太平洋戦争中、徳永は東大図書館「S司書」の助けを借りて、後に鈴木広光氏が印刷史研究の文脈で再発見することとなる資料『Chinese Repository』と出会い、欧米人が近代漢字活字の開発を担ったこととそれが本木昌造に繋がることを解明しつつあった。昭和一八年というデリケートな時期に、その一人S・ダイアの事績を称える新聞コラムも発表している。

単行本化されることのないまま忘れられ、印刷史研究の列へ正当に加えられることのなかった『光を…』の続編に、「いま・ここ」で出会ってしまった自分が印刷史研究と文学研究に橋を架けねばならない。そのように思い定めブログサービス「はてなダイアリー」に状況を綴りながら、紙で残し伝えていくための手段を考えた。ほんの数年のズレで活動期の府川師と出会えずにいたら、自分の小さな研究も日の目を見ないまま消えていった可能性が高い。他人事とは思えなかった。朗文堂片塩二朗氏の仲介を頂戴してタイポグラフィ学会に入会し、二〇一三年の学会誌〇六号に査読論文「活字史研究書としての徳永直『光をかかぐる人々』に見られる達成」を採録してもらうことができた。

五　歴史をめぐる問いのリレー

二〇一〇年二月、ツイッターでの情報収集と発信を試しはじめた。東日本大震災をきっかけに、自宅サーバの運用を止めた。無料の画像共有ウェブサービスを用いて、古い活字見本帳の保存と利活用に関する試行を始めた。リストラ退職を契機にタイポグラフィ学会を退会した。年会費を払う余裕が無い。現在は正規雇用の職に就いているが、収入は以前より大きく下がり住宅ローンもまだまだ残っている。そんな中で一〇年ぶりにアップデートした Oradano 明朝 GSRR フォントに頂いた「投げ銭」でブックスキャナを導入できた。ありがたい。

近代日本語活字の源流が一八〜一九世紀の欧米系漢字活字にあることから海外の資料をチェックする必要が生じ、各国の国立級図書館がデジタル化資料の公開を進めてくれているることやNPO系アーカイブ等の活動が大きな助けになっている。つい先日は、ロシア国立図書館が海外在住外国人であっても登録ユーザとなりクレカ支払いで複写サービス等を露語と英語で提供して貰えることを体験して驚いた。そうした館が今後も増えてくれれば嬉しい。

機関リポジトリ等でのオープンアクセス化によって、無料で読める国内・海外論文があることもありがたいのだが、「所属」経由でないと読めない落胆も経験する。実は今、米国の某大学図書館で資料の所蔵状況などは一般にも回答できるが複写については所属機関の海外ＩＬＬ（図書館相互利用サービス）経由でないと受けられないと言われて困っている。海外ＩＬＬ対応館を持つ大学で科目等履修生になる手はあるが、年会費の問題で学会を辞めなければならなかった自分にとって一資料の複写のために払える金額ではない。市民利用制度でも「実費＋事務手数料の前払い」等で対応してもらえたらどんなに助かるか。アメリカＮＣＩＳのような在野研究者をサポートする組織が日本で成立し、「所属先」となってくれるような日が来ることを願う。

新奇な刺激に弱く流されやすい性質を持っているので、ＳＮＳやブログの過去ログを眺めて節目ごとの志を振り返っている。昔のメモを振り返ることで目先の作業の意味を問い直せたり、ネットやリアルでの交流の切れ端を振り返ることで新しい登攀ルートの存在に気づくようなことがある。

現役を退いた小宮山・府川両氏のバトンを受け取った者として、近代日本語活字史の研究上大きな未解明テーマである、活字書体の種類や変遷を明らかにすることと活字サイズの源泉及び変化を探り当てること、この二つを成し遂げたいと思っている。これは単純に個人的な興味から「やりたいこと」でもあるが、日本における分析書誌学の一つの基礎資料となる筈で、そうした成果を提供することが社会的な使命だと考えている。十分に解明しきったと言えるほどでなくとも、ある程度明らかになったという中間段階で便覧的な資料を作ることができれば、関連諸分野で少しは役立ててもらえるだろうか。

好奇心の強さはまだ保っているが、年々体力と気力が低下していることは認めざるを得ない。ゴールの遠さを実感できる程度のところまで歩を進めることができたわけだが、マイナーなテーマに年を喰ってから魅入られてしまったので、このままゴールどころか中間地点まで到達できるかどうかも判らない。道中、なるべく楽しみたい。

第二部

学問的なものの周辺

第六章

新たな方法序説へ向けて

山本貴光＋吉川浩満

一　研究とはなにか、研究者とは誰か

はじめにお断りすると、この論考の筆者ふたりは「研究者」を自称しているわけではない。『心脳問題』（朝日出版社、二〇〇四）をはじめとして、人文学や自然科学と重なるテーマの本を書いているためか、話のついでに「なにをご研究ですか」とお尋ねいただく機会がある。そのときどきに興味のあるテーマについて調べたり書いたりしてはいるものの、研究という言葉を使うことは多くない。私たちのようにアカデミア（制度化された学問の世界）の外で活動を行う者を研究者と呼んでいいのかどうかは自明ではないからである。

それは「研究」「研究者」という言葉がなにを指すかによる。と、そんな断りを入れるのは、本書の性格上、書き手の立場が内容に無縁ではないと考えてのこと[*1]。

そもそも研究とはなんだろう。辞書には例えば「物事を深く考えたり、詳しく調べたりして、真理、理論、事実などを明らかにすること」とある[*2]。この語釈を載せる『日本国語大辞典』によれば、古くは一四世紀の用例がある。ただし、日本語として現在の意味で使われるようになったのは、おそらくヨーロッパ式の学術が本格的に輸入されるようになった幕末から明治期以降と思われる。

例えば、明治五年（一八七二年）に刊行されたヨハン・カスパルト・ブルンチュリー『国法汎論』（加藤弘之訳、文部省）では、Behandlungを「研究」と訳している[*3]。あるいは明治二二年（一八八九年）に小野太郎『学術研窮法』（顔玉堂）という手引書が刊行されてもいる。いずれにしても、文献で確認できる限りでは、英語のstudyやresearchなど、ヨーロッパ諸言語に対応する翻訳語として「研究」という概念が日本語で使われるようになったのは、どうやらこの一五〇年ほどのことである。

さて、話を整理するために、ここでは先ほどの辞書の語釈のような意味での研究を「広義の研究」と呼ぶことにしよう。つまり、特に条件や資格などはなく、このような人間の営みを広い意味での研究と呼んでみる。他方で、この語釈に加えて、主に学術論文という

＊1　本稿は、著者たちが受けたインタヴュー「在野に学問あり」第二回（インタヴュアー＝山本ぽてと）で語った内容をもとにしている。同インタヴューはウェブサイト「B面の岩波新書」に二〇一八年一一月二五日に掲載された。二〇一九年六月四日閲覧。https://www.iwanamishinsho80.com/contents/zaiya2-yamayoshi

＊2　引用は『日本国語大辞典』（小学館、JapanKnowledge版）「研究」の項目より。二〇一九年六月四日閲覧。

＊3　ヨハン・カスパルト・ブルンチュリー『国法汎論 上帙第一冊首巻』（加藤弘之訳、文部省、一八七二、四三頁）。原書は

形で研究成果を発表するような制度化された専門的研究、つまりアカデミックな研究を「狭義の研究」と呼んで区別しよう。

編者の荒木が序文で述べたように、「在野」は「在朝」との対比で用いられてきた。朝廷にフォーカスを当てた場合、それ以外の場所は「野」であるという構図だ。在野とは朝廷との関係にもとづいた相対的な分類概念であることに注意されたい。

なお、在野研究者の類語に「独立系研究者」もある。この場合、「独立」とは英語のindependentを訳したもので、dependしない、依存しない、ぶら下がらない、自立した、独自のという含意である。この「独立」「独自」であることには利点とともに危険もある。これについては後で触れよう。

ひとくちに在野研究者といっても、複数の場合が考えられる。まず、研究・教育機関に所属していないだけで、研究、学会、論文発表といった点で「在朝」の研究者と同等の活動を行っているケースがある。制度化された学問世界つまりアカデミアに参加しているという意味で、この研究者も「在朝」の研究者と同様に狭義の研究に従事してはいるのだが、研究・教育機関に所属していないがために、在野研究者であるということになる。

他方で、アカデミアそのものから独立して研究活動を行っている場合もある。当人が自身を研究者であると自認しているだけという状態もありうるのだが、それでも、冒頭ちかくで定義した「広義の研究」に従事しているとはいえるだろう。この場合、広義の研究に

Johann Caspar Bluntschli, Allgemeines Staatsrecht, Erster Band., J. G. Cotta, 1863, s. 26. それぞれ国立国会図書館デジタルコレクション、Internet Archiveで閲覧できる。

従事する在野研究者が存在することになる。
つまり、制度化された学問世界としてのアカデミアへの関与の有無という観点に照らせば、在野研究者には狭義の研究を行う在野研究者と広義の研究を行う在野研究者の二種があることになる。在野研究者のあり方をめぐる議論でしばしばすれちがいが生じるのは、アカデミアに対するこうしたスタンスの違いによるかもしれない。

いま、広義の研究を行う在野研究者という分類を提案したが、在野の研究者以外にも広義の研究者は存在するのだろうか。存在すると考えることもできる。「在野の研究者＝広義の研究者」と分類してもよいのだが、仮に「物事を深く考えたり、詳しく調べたりして、真理、理論、事実などを明らかにすること」を研究と捉えた場合、当人が「私は研究をしている」という自認や自称をしなくても、結果的に研究あるいはそれに類する活動をしているケースは十分にありうるからだ。

例えば、ジャーナリストやノンフィクションライター、科学コミュニケーターなどの活動がある。見失われた資料を発掘したり、埋もれて不明になっていた歴史的事実に光を当てて記述したり、専門的な知識を非専門家にも理解できるよう創意工夫したりする。こうした活動も広義の研究と言えるだろうし、そうだとすれば、在野の研究者ではない広義の研究者も存在することになる。この場での区別のために、こうした人びとを「潜在研究者」と仮に呼ぶことにしよう。当人の自覚や自認とは関係なく実質的・潜在的（virtual）に研究者というほどの意味である。なお、このような前提のもとでなら、筆者ふたりの活動が研究と呼ばれたとしても文句はない。もちろん、もし狭義の研究のみを研究と分類する場合には、これらの活動は研究とは見なされないのだが。

さて、以上に提示した、狭義の研究を行う「在朝」研究者、狭義の研究を行う在野研究者、広義の研究を行う在野研究者、広義の研究を行う在野研究者以外の研究者つまり潜在研究者、そして非研究者という五者の関係を図示してみよう。念のためにいえば、中心と周縁という図中の位置に価値の上下はない。広狭という語をそのまま図に置き換えてみたわけである。それぞれの境界を点線にしているのは、人がこの境界を越えて移動する可能性を示している。

例えば、人ははじめから狭義の研究者として存在するわけではない。はじめは誰もが非研究者である。大学などで研究の方法を学び、やがて研究・教育機関に職を得て「在朝」の研究者になったりする。あるいは、博士号を取得し、大学での職を望みながら叶えられず、目下は在野で研究に取り組んでいる人がいるとする。この人が希望通り大学に職を得た場合、この図で言えば、円の外側から円の中心へ向かう。つまり在野研究者から「在朝」研究者に変化する。逆に、リタイアが典型だが、「在朝」研究者から在野研究者、あるいは非研究者に変わるケースもある。この場合は円の中心から

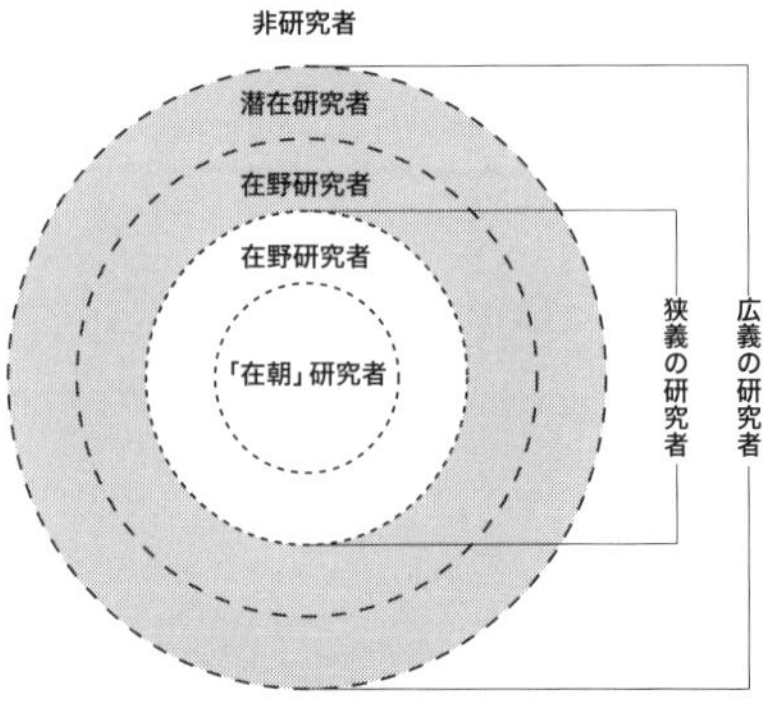

円の外へ向かう。同じ人物でも、時間の変遷によってステータスが変わりうるわけである。

さらに言えば、一人の人が同時にこの三つの領域にまたがる可能性もある。例えば、専門分野においては狭義の研究者である人物も、その専門分野以外の領域については広義の研究者、あるいは非研究者である。そうした状態は、自分の専門外の物事に慎重な態度をとる多くの慎みある研究者については、傍から感知しづらいかもしれない。こうした多重の状態は、ある分野の専門家（狭義の研究者）が、専門外のよく知らないことについて知っているかのように語る場面で、第三者にも可視化されることが多い。

例えば、社会科学の専門家が、放射線の人体への影響（放射線物理学、生理学）について適切な理解を欠いたまま、間違った思い込みをSNSに投稿し続けるとか、宇宙物理学者が、科学哲学の内実を知らぬまま、「科学哲学など無意味だ」と断ずるような場合がこれに当たる。あるいは、肩書きと実質がズレる場合もありうる。例えば、社会的地位としては研究者であるものの、実際には教育や組織のマネジメントなどが主たる業務で、研究活動を行っていないというケースもあるだろう。この場合、所属する組織やそこでの役職という外から見える形式としては研究者であり、内実としては非研究者であるとも言える。

なぜこのような区別を検討しているのか。一見すると自明に思える「研究」「研究者」やそれに類する概念から、いったん距離を置いて眺め直してみるためである。もう一つ別の角度からも距離をとってみよう。

二　アカデミアの内と外

こうした区別を頭に入れて、そのつもりで歴史を眺めてみると、現在とはまた違う形で、さまざまに学術研究に類する活動が行われていた様子が目に入る。現在の状況を相対化し、そこに潜む可能性を考える手がかりとして、ごく簡単にかいつまんでみよう[*4]。

現在ではもっぱら大学を中心とする学術機関を指す「アカデミー」の語源は、よく知られているように、古代ギリシアの哲学者プラトンが、アテネにあったアカデメイアの森につくった学園の名前である。その弟子のアリストテレスが、やはりアテネで営んだ学園はリュケイオンと呼ばれ、後にフランス語の lycée（国立高等学校）や、英語の lyceum（文化会、文化会館）の語源となっている。いずれもいまなら私塾と言われるようなものだった。これに対して紀元前三世紀のアレクサンドリアにつくられたムセイオンは、初期の国立研究機関の事例である。

ヨーロッパでは、八世紀のフランク王国でカール大帝が「スコラ（学院）」を創設し、一二世紀前後に各地で「ウニウェルシタス（大学）」がつくられる。あるいはルネサンス期に活動した人文学者たちが、大学の外で自由に古典を研究していたことを思い出してもよい。また、一七世紀のヨーロッパでつくられた各種「アカデミー」も、基本的には知識

＊4　本節では『日本大百科全書』（小学館、JapanKnowledge版）の「アカデミー」「大学」の項目を参考にしている。また、ヨーロッパにおける学術機関の歴史については、ピーター・バーク『知識の社会史――知と情報はいかにして商品化したか』（井山弘幸・城戸淳訳、新曜社、二〇〇四）、Edited by Hilde de Ridder-Symoens, A History of the University in Europe: Volume 1, Universities in the Middle Ages (Oxford University Press, 1991) を参照。日本については、桃裕行『上

人や好事家たちが、大学とは別の場所で自然にかんする知見を交換する場だった。

例えば、ガリレオ・ガリレイ（一五六四－一六四二）も所属したことで知られるイタリアのアカデミア・デイ・リンチェイは、貴族のフェデリコ・チェージ（一五八五－一六三〇）がパトロンとなって一六〇三年に設立した学会である。あるいは一六六〇年に創立されてイギリスで最も古くから続く自然科学の学会ロイヤル・ソサエティがある。しばしば「王立協会」と訳されるので紛らわしいのだが、Royalとは、一六六二年にチャールズ二世から勅許状（Royal Charter）を得たことを意味している。実際には「自然に関する知識の向上」を目指す有志のサークルである。自然哲学者（いまでいう自然科学者）をはじめ、医者や商人を生業とする多様な人びとが集って、研究活動や意見交換を行った。

日本にも目を向けると、一方には唐に倣って設立された古代の大学寮のように貴族の子弟を教育する機関がある。後の江戸期には幕府の官学として朱子学が営まれ、各藩の藩校などもつくられた。そういえば、江戸幕府直轄の学校である昌平黌《しょうへいこう》は、もともと林羅山（一五八三－一六五七）の私塾だったものが、後に官学になったという経緯をもつ。

他方には、大阪で酒造業を営みながら学芸サロンとでも言うべき場を主宰して、自らも本草学などに勤しんだ木村蒹葭《けんか》堂（一七三六－一八〇二）のようなケースもある。また、蘭方医の緒方洪庵（一八一〇－一八六三）が医業のかたわらで運営した適々斎塾（適塾）のような場があった。あるいは『古事記伝』や係り結びの研究をはじめ、国学に大きな足跡を残した本居宣長（一七三〇－一八〇一）の本職は町医者である。彼は本業のかたわらで、

代学制の研究』（目黒書店、一九四七：修訂版、思文閣出版、二〇一七）、鈴木健一編『形成される教養――十七世紀日本の〈知〉』（勉誠出版、二〇一五）などが参考になる。

いまでいう研究活動に勤んだ。その日本に欧米式の国立大学が誕生するのは、幕末以来の各種機関を統廃合して一八七七年に設立された東京大学をはじめとする。

これはほんの一例だが、歴史のそこここに、現在でいうアカデミアに限られない研究活動が行われていた様子を窺えるだろう。

三　罠を避けるために

原理的には、狭義の研究であれ広義の研究であれ、大学など研究・教育機関への所属があるかないかによって、書くものの内容は変わらないはずだ（もっとも実験設備などについてはこの限りではない）。だが他方で両者にはさまざまな違いもある。

この点について、三木清（一八九七－一九四五）が一九三二年に書いた「ディレッタンティズムに就いて」が示唆的である。一般に、ディレッタントとは「楽しむ人」「好事家」のこと。専門家ではないが学問や芸術に携わる者を指す。三木は、ヨーロッパにおける歴史的経緯を踏まえて、社交のために教養ある談話を磨く人びとをディレッタントと呼ぶ。言い換えれば、ディレッタントの目的は、ある社交集団における交際であって、真理の探究それ自体ではない。三木は、学術においてディレッタントが専門家と対置されることに対して、別の見方を提示している。ここでは二つの指摘に注目してみよう。

専門を誇りとするアカデミーが、今日では寧ろ、真実の理論的意識を失い、創造的意力を失い、社会的意義を失って、教養ある談話の行われる交際社会となり、かくてディレッタンティズムに陥っているということがないであろうか[*5]。

この指摘が現状を言い当てていると言いたいのではない。ある領域の専門家が、一種閉じた交際社会になる可能性を示唆していると読もう。仮にこのような状態にあるとしたら、普通ディレッタントと対置されることの多い専門家自身が、他ならぬディレッタントに陥っているというわけである。

また、当然のことながら、ディレッタンティズムに陥る可能性は、狭義の研究者だけでなく、広義の研究者にも等しくある。誤解のないように言えば、ディレッタンティズムそのものがまずいわけではない。気の利いたおしゃべりのために教養を積む好事家の生き方それ自体に問題があるわけではない。そうではなく、「物事を深く考えたり、詳しく調べたりして、真理、理論、事実などを明らかにすること」を目的とする研究においては、そのようでは困るという指摘だ。

もう一つの指摘もこれと関連する。

専門ということは現在において職業上の分業という意味を多分に含んでいる。従って自分の専門外に口を出さないということは、他人の職業の安全を妨害しないという

＊5　大澤聡編『三木清大学論集』（講談社文芸文庫、二〇一七）

ことである。他人の活動が自分の専門の領分の中へ割り込んで来るとき、特にアカデミーにおいて見られるように、それをディレッタント的だと云って排斥することには、純粋に学問上の関心でなく、自分の職業的地位の安全を確保しようという現実的な動機が知らず識らずはたらいているということがなくはなかろうか[*6]。

これもまた、真理の探究という専門の学術研究とは別の要因が、専門家の研究活動を制限する可能性を示唆している。職業としての専門研究者には、職業であるがゆえの制限もある。例えば、研究領域や対象が、既存の研究や他の研究者との関係で決まるとか、研究費の獲得や当該領域におけるテーマの流行廃りといった要素もあるだろう。

三木は、専門家が自分の専門の意味をよりよく吟味したり、他領域から暗示を得たりするには、専門の外へ出てゆく必要もあると指摘している。井の中の蛙に対する戒め、自分の住む国を知ろうと思ったら異国に出てみることだという昔ながらの助言、いまなら閉じた組織内で生じるサイロ・エフェクト（外部の視点を失った組織が内部の「常識」を疑わず意思決定を行う状態）の弊害を打破するためにインサイダーかつアウトサイダーたれという指南に通じるところ[*7]。この点で、広義の研究者は、専門領域の境界線を気にせず行き来しやすいだろう[*8]。

ただしそれと裏腹に、広義の研究者はいわゆる「トンデモ」に陥る危険も少なくない。例えば、歴史研究者のコミュニティにおいては、史料の裏付けがなく確定できない事象と

＊6　前掲同書

＊7　サイロ・エフェクトについては、ジリアン・テット『サイロ・エフェクト――高度専門化社会の罠』（土方奈美訳、文

位置づけられている対象について、広義の研究者が検証しようのない自説を唱え、それが正しいことのように語る。あるいは男性脳と女性脳といった脳科学で否定されている仮説を根拠に広義の研究者が、脳科学の名の下に疑似科学の言説を流布するようなケースは、当人だけでなくそれを読んで信じる非専門家にまで害を及ぼすだけに悪質である＊9。

この点については、専門家（狭義の研究者）に大きな利点がある。専門家のコミュニティに属することで、研究者同士で知識や意見を交換したり、議論をチェックしたり、切磋琢磨の機会を得られる。妥当ではない仮説は、相互の吟味と批判を通じて退けられ、不備を正す必要に迫られる。もっとも、再び言えば、そうした専門家集団自体が、一種の認知バイアスを共有してしまったために、本来は妥当な仮説を却下し続けてしまうという不幸なケースがないわけではない＊10。あるいは分野を問わず不正な研究によって、特定領域の専門家コミュニティが打撃を受けるケースもある。とはいえ、健全な懐疑の精神をいかに働かせうるかという観点からすれば、第三者によるチェックの機会がない状態に比べて、専門家による査読や批判は有効である。もちろんそうしたチェックが適切に機能する場合には、という条件はつくのだが。

在野の研究者を含む広義の研究者にとって、知らず識らずのうちに「トンデモ」に陥る弊を避けるためにも、どのような人びとと交わるか、どのような場に参加するかという選択は重要だ。文献の収集と吟味を通じて、自分が研究している領域の歴史と現在を確認するのはもちろんのこと、専門研究者と交流の機会をもつのが肝心であるのは言うまでもな

春文庫、二〇一九）を参照。

＊8　本章では触れる余地がないが、ディレッタンティズム概念の変遷と可能性については、田中純『職業としてのディレッタンティズム』（Blog（Before- & Afterimages）、二〇一一年一二月一五日のエントリー）〔http://before-and-afterimages.jp/news2009/2011/12/post-151.html〕で紹介されている次の論集が参考になる。Safia Azzouni und Uwe Wirth (Hg.), Dilettantismus als Beruf (Kulturverlag Kadmos, 2009).

＊9　日本の例ではないが、Gina Rippon, The Gendered Brain: The new neuroscience that shatters the myth of the female brain The Bodley Head, 2019) では、神経性差別（Neurosexism）が生

い。

もう少しゆるやかな話をすれば、近年盛んになりつつある読書会のように、同じ本について人それぞれの異なる読み方を比較しあえるような場に参加したり主催したりするのもよいだろう。どのようにして、自分が住む場所や職場や研究環境以外に第三の場所《サードプレイス》をつくるか。これは研究する者にとって存外重要なことである[*11]。

翻って考えれば、そもそも学術で探究される知識、つまりこの世界で生じる諸現象を記述・説明する知識自体、相互に関係しあうことで、妥当な体系をつくるものだ。少々大袈裟な物言いになるが、学術研究とは、人類が長い歳月をかけて共働で組み上げてきた知の大伽藍の建築に参加することである。トンデモの独自研究や、三木清の指摘するディレッタンティズムに陥るのを避ける上でも、あるいは自分の専門を適切に位置づけるためにも、自分の知識や専門より大きなこの伽藍をよく観察するにしくはない。課題はどのようにして巨人の肩に乗るかだといってもよい。

ここには、現在私たちが置かれた情報環境に特有の課題もあることを述べておきたい。インターネットと各種デジタルアーカイヴによって、世界中に散在することが可視化されつつある厖大な量の文献、知とどのように出合い、読み、理解できるか。文献へのアクセシビリティが各段に向上しつつある現在、有限の時間では到底読み切れないほど大量で玉石混淆の文献の山からなにを選ぶかということ自体が研究の質を左右するはずである。事

じた背景と問題を批判している。

＊10　例えば「大人になると神経細胞が新たに生まれることはない」という定説に対して、一九六〇年代に、成体脳におけるニューロン新生の可能性を提示したジョセフ・アルトマンの説は、一九九〇年代に「再発見」されるまで無視され続けた。現在では、成体脳におけるニューロンの新生は研究と検討が重ねられ、神経科学の教科書にも記載されている。この点については、石龍徳「成体海馬のニューロン新生――そのルーツを探る」（『東医大誌』第六九巻第四号、二〇一一、四三三‐四四九頁）、日本神経科学学会が運営する「脳科学辞典」の「ニューロン新生」の項目を参照。

実を装うフェイクニュースやプロパガンダも蔓延するネットのなかで、信頼できる客観的事実や知識をいかに得るかは、研究以前の日常生活においても喫緊の課題である。

こうした、人間の身の丈をはるかに超えた情報環境は、今後もますます拡大してゆくだろう。そうしたなかで、いかにして研究する者として正気を保つか。これこそが以前にも増して真剣に検討すべき課題になりつつあるのではないだろうか。つまり、なにが専門であれ、自分が現在もっているごく限られた知識――そうであることが否応なく思い知らされる時代でもある――を使っていかにして適切に研究に取り組めるか。これは、在野の研究者はもちろんのこと、専門の研究者にとっても他人事ではない。とりわけ二〇一一年に生じた東京電力福島第一原子力発電所の事故以後、各方面の専門家たちが、放射線の人体への影響をめぐって虚偽や思い込みを語り続ける姿を目の当たりにした私たちは、自分がよく理解していないことへの懐疑と警戒を新たにしたはずである。

ひょっとしたら、いま私たちに必要なのは、デカルトが夢見た「確実な知」を得るための方法ではないけれど、非研究者か研究者かを問わず、各領域において妥当とされる知識が、どのような方法で生み出されているかを再確認し、共有することなのかもしれない。

＊11　吉川浩満「古くて新しい読書会」（『大学出版』第一〇三号、大学出版会、二〇一五）を参照。

第七章

好きなものに取り憑かれて

朝里樹

一　怪異・妖怪の世界へ

怪異や妖怪という言葉を聞いたとき、思い描くものは何だろうか。『ゲゲゲの鬼太郎』や『妖怪ウォッチ』等の創作作品に登場するキャラクター、昔話や文学作品に登場する怪物たち、民間伝承や噂話に登場する恐ろしい存在、絵巻や浮世絵に描かれた不思議な生物、神話や歴史の中で英雄に打ち負かされる化け物、人によって思い浮かべるものは様々だろう。

そして端的に言えば、ここに挙げたどれもが妖怪であり、時に怪異とも呼ばれる。もちろん研究者によって怪異・妖怪の定義には相違がある。怪異・妖怪とは何か、という定義そのものも研究対象ともなり得るぐらいだ。このように、一概に怪異や妖怪といっても、それが表すものは掘れば掘るほど奥が深い。そして私はそんな彼らに夢中になり、どこの研究機関に属しているわけでもないのに、今も在野で研究を続けている。

私が妖怪に興味を持ったのは、幼少時に見た『ゲゲゲの鬼太郎』のアニメ（第四期）がきっかけだった。テレビ画面の向こうで主人公である鬼太郎と、各話ごとに登場する様々な妖怪たちとの戦いに心躍らせ、時には現代社会に受け入れられず、捨てられていく妖怪たちの境遇に同情した。

この妖怪たちが、普通のキャラクターと同じように作者がいて、その作品のために生み出されたものであったならば、私の興味もそこで終わっていたのかもしれない。しかし妖怪たちは、キャラクターの向こう側にそれぞれが長い歴史を持っていた。

妖怪は、鬼太郎と戦うために生み出されたキャラクターではなく、もともと人間たちの間に伝わっていたり、過去の人々が描いたりした不思議な姿をしたものたちだった。それを漫画のキャラクターとして昇華して登場させたのが『墓場鬼太郎』や『ゲゲゲの鬼太郎』であり、その原作者である水木しげる先生だ。

それを知ったのは、幼少時に読んだ水木先生の妖怪図鑑だった。そこには鬼太郎のキャラクターとしてではなく、昔から伝わる存在としての妖怪が描かれ、解説が加えられていた。もちろんその中には水木先生が創作した妖怪の姿もあったが、当時はそれを知らず、昔はこんな妖怪たちがいたのだと純粋に楽しんでいた。

それからも妖怪への興味は尽きず、中学、高校へと上がるにつれてより専門的な資料を集めるようになった。その頃には多くの妖怪たちの知識を蓄えていたが、妖怪は調べれば調べるほどにその世界を広げていった。伝承、文学、演劇、伝説、様々なものが資料となり、その数は一生かけても集められないほど膨大だった。さらに都市伝説や学校の怪談など、現代においても妖怪的な存在、怪異的な現象は日々増えている。

人の歴史は妖怪とともにある。その文化や技術の発展に合わせて、妖怪たちは様々な形で我々の間に伝えられてきた。私はそんな彼らのことがもっと知りたかった。そこには崇高な理由などなく、私を魅了してきた妖怪たちのことがとにかく知りたいという、幼い少年の時と同じ欲求に従っただけだった。

時代を問わず我々人間の前に現れる彼らの魅力に、私は取り憑かれていた。

二　研究をはじめる

それから大学は文学部を選んで入学し、古代から現代まで、あらゆる時代の日本文学を学んだ。日本の古典には必ずと言ってよいほど妖怪が登場する。それを研究するためには過去の時代の言葉を読み、理解できなければならない。日本文学の研究は、妖怪を学ぶ上でもとても役に立った。また大学のゼミは上代文学を選択し、『古事記』や『日本書紀』

などのいわゆる日本神話を通してそこに登場する妖怪を集め、彼らについての考察を卒業論文にまとめた。

妖怪といえば民俗学や文化人類学、といった学問を想像する人も多いかもしれないが、先述したように現在妖怪と呼ばれるものたちは数多の分野に記され、描かれている。そのため、やろうと思えばどのような分野からでも妖怪にアプローチできるのが強みだ。そしてその強みは、在野研究においても発揮される。

怪異・妖怪は在野の研究者が多いジャンルでもある。先に書いた民俗学や文化人類学、文学の他、歴史や芸術等で学問を通しこれらの分野を取り扱っている研究者は多い。一方で現在、怪異・妖怪として扱われるものは様々な媒体に登場する。

そのため、怪異・妖怪を総合的に調査したいと考えた場合、専門分野をひとつに絞るのではなく、様々な分野の垣根を越えて妖怪を探し、調べることも可能となる。

どの分野にも言えることだが、在野の場合、各々が自由な視点、やり方で研究を進めることができる。何らかの研究成果を発表する義務もないから、例えば昨日はアニメキャラクターとしての妖怪を調べ、今日は古典文学に記された妖怪を調べ、明日は絵巻に描かれた妖怪を調べる、といった統一性のないこともできる。

このように妖怪の場合、調査・研究する方法はいくらでもあるが、代表的なものはふたつだ。ひとつは過去に残された文献を調べる方法、もうひとつは直接現地に赴き、話を聞いたり、史跡を調べる方法だ。つまり文献調査と現地調査となる。

私の場合は、文献調査を基本としている。ここで大切なのは、いわゆる「妖怪事典」や「妖怪図鑑」のような、必要な情報がまとまった書籍と並行して、情報の出典となっている文献を読むことだ。

三　文献を調べる

一次資料にあたることは、文献を使う研究ではどんな分野の研究においても欠かせないことだろう。怪異・妖怪の世界においてもそれは変わらない。その妖怪のエピソードとして紹介されている話でも、一次資料を読んでみると細部が異なっていたり、創作された部分が挿入されていたりする。加えて、そういった一次資料とは異なる説明がその後に出版された文献に引き継がれ、その怪異・妖怪の情報として共有されていく現象も見られる。

例えば、『ゲゲゲの鬼太郎』で有名になった「塗り壁」という妖怪を例に考えてみよう。「塗り壁」と聞いて思い出すのは、多くの人の場合、こんにゃく板のような体に小さな手足と目がついた壁の妖怪の姿だろう。しかし京極夏彦氏が『妖怪の理・妖怪の檻』で指摘しているように、民間伝承として採取された「塗り壁」は、当初「道を歩いていると先に進めなくなる」という現象だった。

この現象としての「塗り壁」の伝承は九州各地に見られるが、日本民俗学の祖である柳田国男は福岡県の例を採取し、その著作『妖怪名彙』にて紹介した。これを読み、そこにキャラクターとしての姿を与えたのが水木しげるで、今我々がよく知る形を持った塗り壁が漫画の登場キャラクターとして世に送り出された。

しかし近年に入り、近世以前に描かれた「ぬりかべ」の妖怪画が見つかった。これは目が三つある白く耳の長い洋犬のような姿で描かれており、最近ではこれが本当の「塗り壁」の姿だ、という言説もよく聞かれるようになった。しかし民間伝承における「塗り壁」とこの絵画の「ぬりかべ」の間には、名前が同じという以外の共通点はなく、民間伝承における塗り壁を絵画化したものなのかどうか、全く不明の状態にある。しかし名前が同一であり、有名な妖怪であるからこそ彼らは同一視される。これも妖怪の変質のひとつと考えられる。

こうした出典から離れて怪異・妖怪たちに新たな属性が加えられていく現象は、彼らが多様性を得ていくという点で見れば面白い現象ではあるのだが、どのような経過を辿り、どの時点でその属性が追加されたのか、ということを確認する作業が大切だ。怪異・妖怪たちの姿や名前、属性にこれだけが正解だ、と言えるものはない。時代によっていかようにも変質して人々に受け入れられていくことができるのも彼らの魅力だ。

また、一次資料を読むことには他にも意味がある。それは同じ資料の中に、今まで知ることがなかった情報が隠れている場合が多いということだ。妖怪でいえば、ある妖怪の情報を確認するためにひとつの文献を読むと、その文献の中にある別の妖怪の情報を見つける、ということが多々ある。

時代にかかわらず、文書資料は情報の宝庫だ。在野研究者には研究・調査について指示・指導してくれる師はいないことが多いだろう。しかしそれは、自分で新たな道を開拓し、発見をするチャンスでもある。そのため、同じ文献の中に自分の分野に関わりがあるかどうか分からない部分でも、一度は目を通してみることが重要だ。

例えば吉田兼好の『徒然草』という有名な随筆がある。『枕草子』や『方丈記』と並び、日本三大随筆のひとつに数えられるこの文献だが、読み進めていくと、こんな話が載っている。大根を万病の薬と信じ、毎朝二本食べる男がいた。ある日、その男の屋敷に賊が侵入してきて、男は取り囲まれてしまった。するとどこからともなく二人の武士が現れ、賊を蹴散らしてしまった。男が彼らに素性を訪ねると、「あなたが毎朝召しあがっている大根でございます」と答え、消えてしまったという。

これは大根が変化して現れる妖怪の一種について語られた物語だ。このように、教科書で一部を読んだことがあるような文献でも、自分の研究テーマに合致する重要な情報を得られることがある。

図書館や書店へ行けば、様々な文献が並んでいる。文献調査は、在野にとって大きく開かれた道のひとつだ。積極的に利用し、幅広い知識を得ることが研究にも役立つだろう。研究者にとって無駄な勉強はない。

逆に現地調査の場合、聞き込みや史跡の調査などによって、今まで誰も文献に記してこなかった情報が手に入る、といったことも考えられる。特に妖怪は現代でも生まれ続けているから、聞き込みによって得られる情報は無限大だ。

当たり前のことではあるが、このように調査や研究の方法により得られる結果は異なる。在野で研究する際には、自分に合った調査方法、もしくは自分が知りたいことに近づける調査方法を見つけることも重要だろう。在野である以上、基本的にそれは自分で探していくしかない。しかし、好きなものを研究するためであれば、それを考えることもまた楽しめるはずだ。

四 情報発信をきっかけに

また、自分の得た知識を外に発信していくことも重要だ。

その点では、在野研究者にとって、インターネットは大変便利なものだ。調べものはもちろんのこと、顔も知らない遠く離れた誰かと交流することも容易にできる。

在野の研究者で難しいのは、同じ分野を研究する仲間を作ることだと思う。大学等の研究機関に属していれば自然にともに研究する仲間や師ができるものと考えられるが、在野ではそうはいかない。基本的にはひとりで研究し、ひとりでその成果を形にすることとなる。その場合、どうしても客観的な視点が不足しがちだ。

そこで活用したいのが、ＳＮＳ等のインターネットを通した同じ分野を研究している人々との交流だ。

インターネット上で情報を発信すれば、その分野で知識のある人物がそれにまつわる情報や、誤っている知識等を教えてくれることもある。もしくはそれに対しての感想や意見等により、新たな視点で物事を見るきっかけになるかもしれない。ひとりで調べ、書き記すだけでは見えてこないものも多くある。それに気づくきっかけとして、インターネット上の交流は手間や金銭がそれほどかからないことも、在野研究者にとってはやさしい。もちろん最終的にインターネット上で得た知識が正しいか否かは、自分で確認しなければならないが、インターネットを活用することは、在野の研究には重要だろう。

私自身、ツイッターを通して多くの妖怪を研究・調査している方々と交流し、様々な知見を得た。デビュー作となった『日本現代怪異事典』(笠間書院、二〇一八)もはじめはツイッターを通して製作状況を伝えながら、様々なアドバイスを受け、同人誌として書き上げた。

ツイッターには民俗学や文化人類学を専門として大学教授の立場で研究している方もいれば、自分と同じように在野で怪異・妖怪の研究をしている方もいる。例えば、ここで自分が得た情報を発信すると、こういう資料がある、より古い情報がある、といったことを教えてもらったり、普通にはなかなか手に入らない資料を提供してもらったりといったことがあった。それにより、より多くの情報を本の中に盛り込むことができた。

そして同人誌として『日本現代怪異事典』を書き上げ、インターネットを通して欲しいと言ってくれる人たちに頒布していたとき、この事典を自分の通う大学の教授職の方へ紹介してくれた方がいた。その大学教授の方から連絡があり、同人誌を一定部数買わせてほしい、と要望を頂いたため、送ることとなった。するとまた別の研究者の方に事典を読んで頂き、その方が後に『日本現代怪異事典』の版元となる笠間書院の方と交流があったため、同人誌版の事典を紹介して頂き、商業出版の誘いを受けるに至った。

　これはかなり幸運な例であると自分でも思うが、このように、ネット上の交流が、いつか大きな出来事へと繋がることもあるということがあるのだから、ネットは侮れない。

　もちろん、居住地の近くで研究会等が開かれているのであれば、それに所属・参加するのは有効だろう。しかし地方で暮らしているとそれも難しい。実際、北海道在住の私の場合、地理的な問題で研究会への参加は難しかった。

　いずれにせよ、研究機関に属さない以上は自ら同じ分野で活躍する人々と交流するための手段を探すことは、刺激にもなるし研究を進める上で大きな手助けとなるだろう。

五　在野研究と日常生活の間で

　一方で、研究機関に属していないゆえの苦労もある。それは仕事と研究とを分けなければいけない点だ。研究を続けるためには資料、場合によっては設備も必要となる。しかし在野の場合、それらを自分で一から揃えなければならない。もちろん図書館などの公共の施設である程度補うこともできるが、それにも限界がある。

　そのため、どうしても研究を続けるには資金がかかる。その資金を集めるためには何らかの仕事をしなければならない。その仕事が自分の研究テーマと重なっていればよいが、このご時世、なかなかそうもいかない。それに生活費も同じ給料の中から出さなければいけないから、時間もお金もすべて自分の研究のために費やすことはできないというのが大多数の在野研究者の実情だ。もちろん、自分の研究が認められて、書籍の出版等を通して資金を得ることでできることもあるが、そうすると今度はさらに原稿を書くための時間が必要となる。これは研究分野と資金の調達方法が重なるため、ある程度余裕ができると思いきや、その方法だけで生活ができる確信がなければ、仕事と原稿、研究に追われて他のことをする時間がなくなるということもある。というより、現在の私がその状況にある。

私は公務員と作家を兼業しているため、朝六時過ぎに起きて仕事に行き、早ければ夜七時過ぎに帰ってきて、風呂と食事の時間以外は基本原稿や研究に費やす、という生活をしている。もちろん休日もほとんど原稿と研究に時間が割かれるため、好きに外出するのもなかなか難しい。

また、私は行政職の公務員のため、行政全般に関わる仕事をしており、業務内容は数年に一度は変わり、その都度新しい仕事を覚えることになる。しかし自分の研究テーマとは直接重ならない仕事ばかりだ。そのため、仕事をしているときは仕事、原稿を書く、研究をするときは怪異・妖怪の世界に没頭、と割り切って生活している。

このように、研究を続けるにはどれだけ私生活を犠牲にできるか、という問題は必ず出てくる。もちろんプライベートのほとんどを研究に費やすこともできるし、空いた時間に少しずつ研究を続けることもできる。一度手を休めて別のことに集中することもできるし、ひたすら自分の研究対象を追いかけることもできる。

その配分が自在に可能なのも在野研究者の特権ではある。その分、自分の研究を続けるためには、自分で自分を律することが必要になるかもしれない。だがそれが自分のやりたい研究であれば、途中は苦しくても、いつかその結果がでたとき、何にも勝る喜びを得られるはずだ。

六　好きなことを好きなだけ研究する

ここまで色々と書き連ねてきたが、結局のところ、在野研究とは何かと問われれば、私にとっては自分の好きなものたちに近づいて行くための一本の道だ。

現代の都市伝説や学校の怪談に出てくる怪物たちを、近代以前に記録された妖怪と同じぐらい好きだったからこそデビュー作となった『日本現代怪異事典』や児童向けに怪異・妖怪を紹介する『日本のおかしな現代妖怪図鑑』（幻冬舎、二〇一八）、『日本現代怪異事典』の続編『日本現代怪異事典　副読本』（笠間書院、二〇一九）と三冊の本を書くことができた。

現在では、この国で最も早い時代を舞台にして、人々がどのような怪異・妖怪を語り、描いたのかに注目し、それらを集めた『日本古代怪異事典（仮）』（文学通信、二〇一九年刊行予定）、この国の歴史上において、多くの人物たちが怪異・妖怪と関わりのあるエピソードを持っていることから、妖怪から人間を見るのではなく、人間を通して妖怪を見ることでまた新たな発見があるのではないかという考え、歴史上の人物と妖怪たちに纏わる話を集めた『歴史人物怪談事典（仮）』（幻冬舎、二〇一九年刊行予定）といった、自分の研究成果を書籍として出版させて頂く機会にも恵まれた。

これらは、怪異・妖怪たちが好きで調べてきたことに加え、大学で日本文学を学び、様々な時代の文章を読むことができるようになったこと、社会人になってから、自分の研究のために給料を資料代に費やしてきたことなどの結果だ。在野の研究であっても、それはいつか誰かの目に留まり、何かの形として残るかもしれない。それは在野研究者にとっては喜ばしいことだろう。しかしそれ以上に、自分の好きなものを、書籍を通して顔も知らない誰かに広めることができるということに、私は喜びを感じている。端的に言えば、怪異・妖怪の研究そのものも、それらを調べた結果を外部に発信するのも楽しくて仕方がないのだ。

私が最後に在野研究の心得として伝えておきたいのは、その研究をとにかく楽しむということだ。

在野の研究は誰から強制されるものでもないが、先述したように、大なり小なり自分の時間や金銭を費やすことになる。それを踏まえて研究を続けるには、義務感よりも楽しいという感情を持って立ち向かうことが重要だと私は思う。

好きなことを好きなように好きなだけ学ぶことができる、それが在野の一番の強みだ。

その一方で、研究を続けようと思えば、その他のプライベートな時間を削ることは免れない。だからこそ研究の時間を最大限に楽しむこと、それが誰からも強制されない在野研究を続けるコツなのではないだろうか。

在野研究者の大先輩であり、私を妖怪の道へと導いてくれた水木しげる先生は、その著書『水木サンの幸福論』の中で、幸福の七カ条を掲げている。その七つの信条は、多くの在野研究者たちの力になるものであると思う。最後に、それを紹介したい。

第一条、成功や栄誉や勝ち負けを目的に、ことを行ってはいけない。
第二条、しないでいられないことをし続けなさい。
第三条、他人との比較ではない、あくまで自分の楽しさを追及すべし。
第四条、好きの力を信じる。
第五条、才能と収入は別、努力は人を裏切ると心得よ。
第六条、怠け者になりなさい。
第七条、目に見えない世界を信じる。

在野での研究を後押ししてくれるのは、根本的にはそんな好きという感情ではないだろうか。それによって、どんなに苦しく険しい道も、楽しく乗り越えていけるだろう。たとえ誰の役に立たないとしても、自分の気持ちを満たすことができる、それだけで在野として研究することに、意味はあると思うのだ。

第八章　市井の人物の聞き取り調査

内田真木

一　私の研究履歴

私の研究テーマは大正時代に活躍した小説家有島武郎である。有島に関心を持ったきっかけは大学の講義で、卒業（学士）論文では有島の翻訳・翻案作品の原典を調査した。卒業後は、希望どおり公立高校の教員になったが、卒業論文で調査した有島の翻案作品「西方古伝」の原典が、筑摩書房版『有島武郎全集』第二巻の「解題」に紹介されたことが嬉しくて、研究を続けて行こうと考えた。

就職後、これまでの文献学的研究（書名や出版年、出版形態などを手掛かりに当該文献を特定する手法）に限界を感じ、比較文学研究（複数の国々の文学を比較し、相互の影響関係を検証する研究）に着手した。そして、有島がアメリカ留学中に読んだという本や雑誌を、直接、自分の目で確かめたいと思うようになっていった。

大学教員の友人に相談すると、「アメリカに行くべきだ。現地調査のついでに、文献学や図書館学を勉強してくるのもいいぞ」と、留学先まで紹介してくれる。さっそく、休職してアメリカに留学することにした。すでに、教職一〇年のキャリアを積んでいた。

現地に行って分かったことは、私の学ぶ教育課程が図書館業務の技能向上を目的にしたコースであることと社会人の学生が多いこと。学生の大部分が技能習得や資格取得を目指す現役の図書館職員だった。

最も苦労したのはフィールド・ワークの授業だった。本来は、公共図書館などに出向いて、蔵書構成や利用者の読書傾向などを調査するのだが、私には伝手もなければ、図書館学の知識もない。そこで思い付いたのが有島の読書記録についてレポートすることだった。有島は生涯にわたって、〈いつ、何を読んだか〉という記録を書き残していた。幸いなことに、現地調査に備えて、卒業論文でまとめた読書記録の一覧表（ＭＳ－ＤＯＳデータ）を持参していた。

レポートに取り組んで半月が過ぎた頃、共同研究者が現れた。私の研究テーマを聴き取った担当のインストラクターの紹介だった。共同研究者はハーバード・カレッジ・ライブラリーの職員で、図書館資料に精通している。

レポート完成後、共同研究者から研究資料を冊子にまとめようではないかとの提案があった。有島が生涯にわたって読書記録を残していることに驚いていると言って、私を説得する。その冊子が『有島武郎の読書記録』（内田真木、HENRI J.BOURNEUF 共編、Harvard College Library、一九九二）だ。この時、初めて、私は有島の日記や書簡の資料的価値に気付いたのである。

帰国後、持ち帰った図書資料を基に比較文学研究に打ち込んだ。同時に、有島の日記や書簡の読解も続けているうちに、社会科学の研究手法を学ぶ必要を感じるようになった。

放送大学で勉強し直すのはどうだろう。聴講したい講義名が並んでいる。まず、近隣の放送大学学習センターに出向いて、担当者の説明を聞いた。その結果、入学後に修得すべき単位がわずかで済むことが分かった。卒業までの学費も思ったより安価である。なによりも、入学倍率が二倍を切っているではないか。二〇〇六年、放送大学大学院文化科学研究科に入学できた。そして、〈社会調査法〉の講義で聞き取り調査法を体系的に学ぶことができたのである。この時、私の教職経験は二〇年を超え、同僚の多くは管理職を目指していた。

二〇〇八年、修士論文の執筆と並行して、『有島武郎事典』（有島武郎研究会編、勉誠出版、二〇一〇）の編集委員になった。大項目「人名」の担当だったが、原稿整理や索引作成などの実務も担当した。アメリカで学んだ情報処理の技能が役立ったのである。

『有島武郎事典』刊行後の二〇一〇年春、出版社を通して御園《みその》千代の遺族から職場に連絡があり、急遽《きょ》、会うことになった。連絡の主旨は義母である千代について再調査をして欲しいということだった。

千代は有島と同世代の人、鎌倉在住の一般人だが、「有島の安らぎの場のように妻代りのように存在した」（江種満子『わたしの身体、わたしの言葉』翰林書房、二〇〇四、四四二頁）とも、「有島のためにひそかに囲われた女性」（同前）とも言われていた。もし、千代が「囲われた女性」、つまり、有島の妾であったとすれば、ヒューマニストとしての有島像は一気に崩壊する。ただし、残された手掛かりは有島の書簡と日記だけ、多くの研究者は千代の実像を知ることはできないだろうと考えていた。当然、『有島武郎事典』でも「御園千代」の立項は見送っていた。

二　文献資料調査の限界

日記はモノローグ（独白）、脈絡のないメモ書きもある。書簡はダイアローグ（対話）だが、読み手が特定されているので、他人には解読できない文章も含まれている。さらに、有島の日記や書簡には、御園千代のような市井に生きた人々も多数登場する。

いざ、千代と有島との関係を探ろうとすると、調査は困難を極める。特に、調査の対象者が女性の場合には、婚姻によって姓が変わることも想定しなければならない。また、戦前の女性に限って言えば、接頭語をつけて「お千代」としたり、「ちよ」や「千代」など、ひらがなや漢字を使い分けてみたりと、本名（公簿上の姓名）を特定することさえむずかしくなる。たとえ、本名や居住地などが分かっても、旧民法下の公簿は戸主（原則的に男性）が標目となっていて、該当する女性に辿り着くことは簡単ではない。千代の場合、彼女の改製原戸籍謄本には、「原戸籍ニ依リ知ルコト能ハサルニ付記載省略」とあって、戦前の記事は記載されていないのである。

文献資料から情報を取ることができない場合、有効な調査法の一つに聞き取り調査法がある。たとえば、御園千代の聞き取り調査では、千代の本名や生年月日といった個人情報だけでなく、有島の死後、千代の処遇を巡って、御園家と有島家との間で交渉が持たれたという証言も聞き取ることができた。現時点で、この証言の真偽は不明だが、このような交渉は文献として残されるはずもなく、今後、検証すべき重要証言となるはずである。

三　聞き取り調査の実践

聞き取り調査は〈聞き手〉である研究者と〈話し手〉となる調査対象者との共同作業だ。研究者は、調査のテーマや調査対象者の状況を勘案して質問票を作成し、インタビューの計画を立てなければならない。

私の研究対象は有島武郎なので、聞き取り調査のテーマは有島本人もしくは有島と関係のあった人物（以下、〈当該人物〉とする）に関することになる。調査対象者も、有島の世代からみて孫世代までの人々に絞らざるをえない。具体的には、誕生日が一九三〇年代までの人々ということになる。

調査対象者は大きく二つのグループに分かれる。一つは、有島家の親族から成るグループ。有島武・幸子夫婦の七人の子供の子孫である。もう一つは有島の日記や書簡に登場する〈当該人物〉の子孫。先に紹介した御園千代の親族はこのグループに含まれる。

聞き取り調査の〈話し手〉候補として二つのグループを比較すると、有島家の子孫は姓名・生没年・居住地などの基本情報や有島との関係が明らかであり、本人も有島の親族であることを自覚している。一方、第二のグループは基本的な情報が不明の場合が多く、通常、〈話し手〉本人と有島との関係性は認められない。

当然、二つのグループに対する質問項目やインタビューの進め方は異なるものになる。有島家の子孫に対しては非構造化（質問項目や回答選択肢の用意はしない）インタビューが原則、自由に有島や近親者の思い出を語ってもらう。インタビュー中の口出しは控えるべきとの意見もあるが、私は有島の日記や書簡、有島家の集合写真などを用意して、話題を引き出すように心掛けている。

第二のグループの調査は構造化（質問項目と回答選択肢を確定しておく）インタビューと半構造化（質問項目は用意するが、回答は〈話し手〉に一任する）インタビューを組み合わせる。まず、構造化インタビューによって、〈当該人物〉の基本情報を聞き取る。構造化インタビューは「調査票調査の面接法」と同じ手法、〈話し手〉と〈聞き手〉の一問一答で進行する。

その後、半構造化インタビューによって〈当該人物〉の人物像や職歴、趣味、信仰などの情報を聞き取るわけだが、証言に疑義があれば、その場で質問をし、話題が質問項目から逸脱すれば修正を図る。

ちなみに、インタビュー中にメモを取れ、というアドバイスもあるが、私はメモを取らない、いや、取れない。インタビュー中は〈話し手〉の観察と発言に全神経を集中する。

聞き取り調査の準備やまとめ方については、二つのグループに大差はない。準備は〈話し手〉候補と連絡を取ることから始まる。連絡手段は郵便が原則だ。事前の調査で収集した史料・資料を同封して、なぜ聞き取り調査が必要かを説明し、協力を依頼する。

聞き取り調査の時間は全体で九〇分、インタビューに割く時間は正味六〇分に設定している。調査の冒頭、録音の許可を求める。調査対象者には、録音が正確性を期すための手立てであることを説明し、後日、音声記録を公開しなければならない時には、改めて許可を取ることを伝え、その旨を記した文書も手渡している。また、調査対象者やその家族が実名の公開を躊躇する場合には、匿名でのインタビューにも同意している。匿名を希望する理由は様々だが、話題が親族に関することなので、家族や親戚への遠慮がないわけではない。これまでは、〈話し手〉の実名公開がその証言の真実性を担保する要件の一つと考えられていたが、今日では、複数の証言による照合や文献調査などの裏付けを以て、十分、その真実性は担保できるという考え方が一般的になっている。むしろ、聞き取り調査によって調査対象者のプライバシーが侵されることのないように配慮することを優先するべきなのだ。

調査終了時には、必ず再調査の可否を確認する。調査によって得られた情報を精査することで、改めて、聞き取り調査が必要となるかもしれないからだ。私の場合、三四名中八名の対象者に再調査を依頼した。

四　音声記録の資料化について

資料化（資料として活用できるようにすること）の作業はなるべく早い時期に済ませることが肝要で、記憶が薄れていくに連れて作業効率が落ち、正確さも損なわれていく。私の場合は、聞き取り調査のスケジュールを組む時点で、資料化のための作業時間も設定しておき、インタビュー後一週間以内には、キーワード付けの作業を済ませている。

一般的に、聞き取り調査の資料化はトランスクリプション（transcription 音声記録を文字に書き起こす作業、いわゆる「テープ起こし」）によって行われる。トランスクリプションによって作成された文献資料が逐語録である。

トランスクリプションは多大な労力と時間を要する作業で、研究者が聞き取り調査を敬遠する最大の理由とも言われている。私のように、一つの研究テーマに複数の聞き取り調査を取り入れる場合、どのように音声記録を資料化するかは、研究を進める上で重要な問題にならざるをえない。

トランスクリプションの作業に入る前に、私は次のような処理を音声記録に施している。まず、音声記録のコピーを二本作る。オリジナルの音声記録には手を加えず、そのまま保存。コピーの一本は礼状とともに〈話し手〉である調査対象者に届け、残りの一本を使って資料化の作業をする。

録音を聴き返し、証言の内容に従ってキーワードを付けていく。録音時間を同時に記録することで、索引（どのような証言がどの時間帯に録音されているかの目印）として利用することも可能になる。さらに、必要があれば、キーワードを辿りながら、特に重要と考えられる証言を別にメモしておく。

放送大学在学中の二〇〇七年、二〇〇三年に収録した音声記録の一節に、「私↓戦後の結婚↓家の没落↓葬式と法事↓不安／愛子↓安心↓なむみあだぶつ↓さつまのお婆さま↓お国訛↓念仏と手毬唄／里見↓数珠を紛失↓武郎の形見」というキーワードを付けた。その後、この音声記録を手掛かりにして有島家と浄土真宗との関係を検証し、二〇一七年、論文を書き上げることができた。

あくまで私個人の考えだが、研究資料として音声記録を利用する場合には、あえて逐語録を作る必要はなく、キーワードだけで十分ではないかと考えている。

これまで、私は聞き取り調査で得た情報を使って論文を書いてきた。その際、逐語録ではなく、音声記録の一部を書き抜いて論文に収録したのだが、当然、主語を補ったり、文末表現を書き改めたりする必要がある。また、不要な個人情報は削除しなければならない。

加工を施して音声記録を公開する場合には、改めて〈話し手〉である調査対象者の承認を得る必要がある。また、主語・述語の関係や文末表現などは〈話し手〉のチェックが欠かせない。話しことばを書きことばに換えたり、全体から一部を書き抜いたりすることで、思わぬ誤解をしていることがあるからだ。人物の呼称についても、通称などが使用されることがあり、〈話し手〉の再確認が必要となる。

五　〈話し手〉の捜索と在野研究者の壁

調査対象者をどのように探し出すかは、私にとって喫緊の課題である。調査対象者となるべき人々の多くが高齢であって、調査を先送りしている余裕はない。

御園千代の調査では、遺族の配慮で調査対象者を紹介してもらうことができた。また、有島の子孫や親族とのコンタクトも取れてはいるのだが、すでに多くの方々が高齢となり、他界された方も少なくない。一九九五年秋から聞き取り調査は続けてきたのだが、当時は、私自身が研究者として訓練されておらず、今になって貴重な証言を聞き逃していたことに気づき、後悔している。

〈当該人物〉の事前調査において、調査対象者を見つけ出すこともある。また、地方の図書館や歴史資料館などで、レファレンスサービスに応対した司書や学芸員が文化財の所有者リストや地方紙・誌の記事などから対象者を割り出してくれることもあった。千代の所属した華道の家元や有島の京都の定宿あかまん屋の親族などがその例である。

最も多いのは、研究者との情報交換で調査対象者を見つけ出すパターンだ。有島が青年時代を送った北海道や父祖の地である鹿児島からの情報が重要になるが、地方の人物史に精通した文学研究者や地方史研究者からの情報は対象者に結びつく確率が格段に高いのである。

聞き取り調査を依頼する場面でも、困難が待ち受けている。普段、在野であるからといって不利になった経験はないが、聞き取り調査は別で、肩書きがものをいう。初対面の際には、必ず所属を尋ねられる。有名な大学や研究機関の研究者であれば、相手もはりきって調査に協力するであろうが、素姓のはっきりしない赤の他人に近親者の個人情報を話すはずもない。紹介者に同行してもらったり、これまでの研究論文を持参したりと、さまざまな手立てを講じて協力を依頼するのだが、断わられることも少なくない。

六　在野研究者の矜持とは

文学研究はひたすらテキストを読み込むことに尽きる。日記・書簡の解読となると、さらに、人名録や市町村史などの参考文献に目を通し、遺族を探し出しては聞き取り調査を繰り返すことが求められるのである。時間と手間のかかる作業の連続である。

高校の仕事と研究を両立させる上で、最も苦心するのは研究時間の確保だ。昨今、教員の長時間労働が問題になっているが、高校の教員も例外ではない。一応、勤務時間は決まってはいるのだが、終業の時間や休日勤務の取扱いは実に曖昧。職員室に居残ったり、自宅に持ち帰ったりして仕事をこなす。部活動の指導など、休日出勤も加えれば、年中無休、二四時間営業ということにもなりかねない。私の性格も災いする。少しでも気掛かりなことがあれば、時間があったとしても研究などする気にはならない。

私が実践している時間確保のための工夫は「研究ノート」である。「研究ノート」は、民間企業の理系研究員である友人から教えてもらったもの。まず、三五行のノートの見開きに、あらかじめ一ヶ月分の日付を記入しておく。二行で一日分とし、毎日、研究内容とおおよその研究時間（分単位）を記録する。たとえば、〈二月一日、昼休みの三〇分、内田の論文を読む。五ページの記事は見直そう。〉は〈2/1　内田 201706・5p ◎・30〉、〈二月二日、なにもしない。〉は〈2/2　×〉と記入する。論文は執筆者名と発行年月で、史料・資料は《御園千代戸籍謄本》など、論文と区別するための記号と資料名で記録している。論文執筆は〈論〉とか〈論文　第三節〉とか、自分が分かればそれで良しとしている。

「研究ノート」を見返すと、〈×〉の数が、思っていたよりも少ないことに気づく。過去一年間を振り返ってみると、研究に当てた時間は一日当たり二八分、月に八本の論文や史料・資料に目を通し、年間二本の論文を書いている。私自身はできることを精一杯やりきったので、これで納得している。

教員という仕事の性質上、私的な活動や時間について制約を受けることがあり、私が研究していることを職場で明らかにしなければならない時もある。たとえば、旅行などで、長期間、自宅を離れる場合、生徒の突発事故などに備えて、目的地や連絡先を明らかにしておくことが求められる。当然、私も聞き取り調査のために休暇を取る場合には、日程や宿泊先などを管理者や同僚に伝えている。これまでは、このことで不快な思いをすることはなかったが、どの職場でも通用することだとは思っていない。

研究を継続するためには、職場に対する最低限の配慮は欠かせない。不利益を被ることも避けては通れないだろう。しかし、仕事を取るか、研究を取るかなどと二者択一で悩むことはないではないか。むしろ、研究を継続するために、今の自分に何ができるかを見極めることこそが大事なのではないだろうか。私にとって、「研究ノート」はその手掛かりとなるものなのだ。

たとえ在野の研究者であっても、研究者としての自尊心は失ってはならないと思っている。つまり、自分の研究のオリジナリティー（独創性）とプライオリティー（優先権）を失わないこと。在野で活動するからこそ「(先行研究があることを）知らなかった」は禁句である。一方、研究や論文の盗用・剽窃の被害を受けることも多い。常に研究者との交流を図り、情報管理を徹底することが在野の研究者には求められている。

私が在野にあって、研究を続けられた理由に有島武郎研究会が挙げられる。研究発表や情報交換の場を提供してくれる、かけがいのない存在なのである。なお、聞き取り調査を基に執筆した論文は、有島武郎研究会の研究誌「有島武郎研究」に掲載した。主な論文名と発行年月は次のとおりである。

○〔資料紹介〕「御園千代の履歴と居住地『雪ノ下一番地』『山ノ内一三二〇』について」（二〇一四年六月）

○〔研究資料〕「有島曽與・武と浄土真宗——薩摩川内市真光寺との関わりを中心に」（二〇一七年五月）

第九章
センセーは、独りでガクモンする

星野健一

一　在野研究の片隅から

私は、フリーランスで学習指導をしながら研究生活を送っている身である。職業上、毎日のように「センセー」と呼ばれ、自分でも「センセーはね」などと言っているものだから、家族の前でも一人称がセンセーになってしまうことがある。しかるに、アイデンティティとしては教師・教育者ではなく、単に研究者である。

研究分野は、ざっくり言えば仏教である。しかし、古代・中世の仏典を読み解いているわけでもなければ、仏教教団の現況や一般信徒のライフヒストリーを調査しているわけでもない。主な関心は、近代以降の知的エリートや教団指導者が書き表した仏教観（特に日蓮観）にある。

活動方法は、ネット上での発信・交流と学術誌への投稿を二本柱としており、いたってシンプル、かつ孤独である。研究者と言えば、論文を書くだけではなく、各種学会で口頭発表を重ねるのが慣例となっているが、私はただ一度、二〇一六年の六月二五日に東洋大学の白山キャンパスで催された法華仏教研究会のそれで登壇させてもらっただけだ。

この「法華仏教」というのは、鎌倉時代の仏僧・日蓮の生涯と思想、その教理的土台となった仏教思想、さらにその死後に出現した日蓮系教団や教理解釈を総称した用語である。日蓮研究は、長らく、宗派の壁を越えて学問的な議論を交わし合うのが難しい状況にあったが、ゼロ年代以降、叡智を結集させる革新的な試みが進み、二〇一四年から一五年かけては、そうした運動の集大成として『シリーズ日蓮』（全五巻）が春秋社から刊行された。現在でも、法華コモンズ仏教学林（東京・新宿にある学校団体）をハブとして学術交流が展開されている。

法華仏教研究会（主宰、花野充道氏）も同じ流れにあり、二〇〇九年にオープンかつ総合的・学際的な日蓮研究を目指して発足した画期的な学術コミュニティである。本会は『法華仏教研究』を継続的に刊行しており、大学・研究機関に所属する研究者だけではなく、教団（の外郭機関）のシガラミがない在野研究者の活躍も目覚ましい。私も本会の理念に賛同し、会員・発起人の末席を汚している。

口頭発表は専門家の反応を見て自説を補正できるから、普段ツッコミをもらいにくい独学者にこそ有用だと思うが、ほぼノーコネの私が入会資格を満たせる学会となると、そうそう無いのが実状だ。

世間には読書会なるものもあるが、これも私の仕事の書き入れ時とかち合う平日の夕方以降の時間帯や土日に開催されるから参加するのは難しい。ただ最近では、私と関心分野が重なり、かつ大変勉強熱心な社会人や学生が、夜中にツイキャスというライヴ配信サイトで読書会を開いてくれていて、時々（コメントだけだが）混ぜてもらっている（ちなみに、Kamikawa さん（@theopotamos）と本ノ猪さん（@honnoinosisi555）の放送である）。

また修士を出た翌年の二〇一三年からは、個人ブログ「雑書彷徨記」を運営している。ここには、分野を問わず本を読んでいて気になったことや他に書く「場」が見つからない研究コラムをさっと書きこむ。あるいは『法華仏教研究』に投稿した記事を転載することもある。検索機能があるから後から調べるのが楽だし、個人でメモをとるよりは作文のモチベーションを維持しやすい。ちなみに、ブログのタイトルは、書誌学者として私淑する谷沢永一の『雑書放蕩記』を捩《もじ》ったものである。

一方で、学問上の意義をいくらか担保できる記事が書けそうな場合は、『法華仏教研究』への投稿を目指す。しかし、研究論文となるとハードルが高く、前述の口頭発表の内容は、一年近く寝かせてから論文化した。それでも、後から色々と瑕疵《かし》が見つかるものである。

ところで、私はいま何度も「研究」と書いたが、何をもって研究ないし学問と言えるのかというのは、合意が難しい問題に思える。私は、専門家集団の中で未知の史的事実に肉薄していく営為と理解しているが、人文社会系の学問観は一律ではない。

私は修士を出て晴れて（？）在野になった際に、仏教学の碩学から「学問を通じて、人生を荘厳なものにしていってください」と励ましていただいたが、実に個人においては、自分が知りたいこと、考えたいことを追究し、人生をより実りあるものへと洗練させていくことが研究生活の根本的な目的だと思う。ならば、それぞれが「重み」を感じられるスタイルでやっていくしかない。

と、偉そうに書いてしまったが、私には大して業績がない。『法華仏教研究』には、院生だった二〇一〇年に初めて投稿し、在野としての活動は二〇一二年に始めたが、二〇一八年の一二月時点で投稿記事は一九本、しかもそのほとんどが書評であり、研究論文と自認できる記事は僅か一本（「『日蓮文学』の研究に関する一考察」）、これらの記事を他誌含め他の研究者の論文で言及・参照されたのは、私が知る限りでは七回のみである。数年前、恩師らとの食事会で「本を書かないと」と発破をかけていただいたものの、いまだ単著はない。私の学問への貢献度・影響力は、微々たるものなのである。

二　家庭教師の光と影

フリーランスで学習指導をしている、ということはすでに述べた。具体的には、各生徒の自宅を回って複数の教科を一人で指導する家庭教師、いわば個人塾の出張サービス業である。始めたのは学生時代に遡り、それを含めれば二〇一九年で一二年目となる。

今は独自のブランド（屋号）の案件を主軸としているが、条件が合えば登録している教育事業会社から請負うこともある。生徒は、小学生もいれば成人している方もいるが、中高生が中心である。指導教科は、中学生だと英語・数学を中心に主要五教科、高校生以上だと英・数・物理・化学・古典・世界史・日本史あたりになる。

私のような公立校出身・私大文系卒の需要は高くはないのだが、文系と理系の科目をまたいで一定の指導力があるおかげで何とか生き延びている。どの科目も専門講師の学力には遠く及ばないが、学習内容を個々の到達度の凸凹に合わせて「翻訳」するのが得意、というか好きなのである。

さて、私は社会人、つまり在野になってから七年経つわけだが、この仕事にこだわる最大の理由は、拘束時間が短い点にある。仕事は、だいたい、昼間か夕刻に始まり、六〇分～一二〇分ほどの授業を二、三回やって終わりである。しかも、上司や同僚といったものが存在しないから、会社組織に特有の煩わしい付き合いに時間を奪われることもない。ここまで拘束時間を短縮できると、家庭内の雑事においてスタメンを張りながらでも、読書・勉強・執筆の時間を一日平均四時間以上は確保できる。

たしかに、電車やバスでの移動時間がかかるという面もある。だが、これは読書に充てられるし、ケータイのメール機能やグーグルドキュメントを利用すれば、原稿を進めることも可能である。実際、前述の発表ではレジュメの他に原稿を準備したが、その下書きのおよそ半分は通勤中に書いた。

それと、講師業一般に言えることだが、授業の精度を高めるには「予習」が欠かせない。しかも家庭教師の場合、その範囲が不明確であることが少なくない。学校の配布プリント、市販の参考書、過去問など、どこから訊かれても応答できるアドリブ力が必要とされるのである。となれば予習というのは、ひたすら勤勉になることに尽きる。

なんてことを書くと「なーんだ、おまえが言っていた研究とはほど遠いお勉強に追い立てられる毎日じゃないか」と言われてしまいそうだ。まあ、そうなのだが、授業を充実させるには多様な「引き出し」を用意しておく必要があるから、専攻領域の埒外にある一般書・専門書も積極的に繙《ひもと》くようになり、自分の知的生活が豊かになっていくという効用もある。私は、この教育・勉強漬けの日々がすこぶる楽しい。優秀な人は知力を専門性と新規性（ハード・アカデミズム）に特化し続けても病むことがないのだろうが、私はこうした息抜きがないとダメである。

また、以前、生徒からES細胞について訊かれたものの適切に答えられず、後日入門書を数冊読み込んだのだが、その後、仏教観とES細胞研究をテーマとする論文を紹介する機会が巡ってきて、仕込んだ知識が役に立った、ということがある。思わぬ効用もあるものだ。

しかし、教育業界で食べていくことには苦難も伴う。二〇一八年度は、塾の倒産が過去最多となり、家庭教師会社と趣味の教室の倒産が、ここ一一年で二番目の件数になった、という戦慄すべきニュースが流れたのは、私が自宅でゆっくりと茶をすすっていた二〇一九年新年早々の事であった。寿命が縮むのである。

二〇〇〇年代前半に、この業界を取材した丸谷馨『プロ家庭教師の技』には、「年収一五〇〇万のトップクラス」がいる一方で、「ごく一握りの看板教師以外は、かなり厳しい様子もうかがえる」と書いてあるが、時給が高めでも収入は頭打ちになりがちだし、少子化が進み業者のデッドヒートが加速するなか、ブランディングしやすい学歴があるとか親が資産家であるとかでない限り、質素な生活を送ることになる可能性は、めちゃ高い。

かく言う私も、持ち家はなく、車を持たず、旅行をしない（興味もないのだが）。人と会うのは費用が嵩むから年数回に抑えている。読書はそれなりにするが、原理主義的な図書館派&立ち読み派で本を買うことは滅多にない。

ついでに告白すると、休憩がてらやるPS4もPSVRもタブレットも、そしていまこの原稿を打ち込んでいるノートパソコンも、すべて妻が懸賞に応募して当ててくれたものである。そんな妻は、寝室の壁に「貧乏コンチクショウ」という言葉が大きくプリントされた妙にまがまがしいポスター（世田谷文学館の林芙美子展で配布されたもの）を貼りつけている。私は、毎晩、それを見てから眠りにつくのである。

三　低コスト研究の話をしよう

では、調査する時間はコンスタントに取れるが、生活費以外には殆ど金をかけられない私のような在野が、一体、どんな研究に取り組めるのか、それが問題だ。

この点では書評がいいと思うのだが、単なる本の紹介ではありふれている。そこで私が推奨したいのは、紀要の経年調査である。言わずもがな、紀要というのは大学や研究機関が定期的に発行する論文集で、広く読まれる雑誌ではない。その分、応答すれば著者や他の研究者の目に留まりやすいはずだ。また、それを数年、数十年単位で整理すれば、自分の勉強になるばかりではなく、大学・学問史研究の下支えができ、アカデミズムの府にとっても有益である。

古書店でしか入手できないような稀覯《きこう》本を収集できるほど金銭的余裕があるのなら、それに越したことはない。だが、費用面を考えると、ほぼ全てのアーカイヴが内容も含めネットで公開されているもの、あるいは発行元の大学・研究機関ないし図書館に足を運べば大方閲覧できるものが狙い目だ。

私の場合は、『法華仏教研究』の誌面をお借りし、二〇一四年から二年ほどかけて『東洋哲学研究所紀要』の創刊号から第三〇号までの紹介に取り組んだ。この学術誌は非売品であり、二〇〇五年以前の論文はネットでも一部しか閲覧できない。しかし、公益財団法人・東洋哲学研究所が出身大学のキャンパス内にあり、通い慣れたその図書館に全号所蔵されていたから、ここを訪ねて実物に一通り目を通すことができた。

記事は、毎回、五号分の目録を示した後にそのなかの数本を取り上げて論評するという形式にした。自分が比較的知識のある分野の論文に絞ったが、勉強しながら書いたので、そこそこ参考文献が豊富な記事になった。著者にお会いした際に御礼を言われることもあったが、論述内容に関して誌面上で激しい反論を受け、再反論するということもあった。何事も経験である。

『法華仏教研究』では他にも、『大崎学報』『日蓮仏教研究』『法華宗宗学研究所所報』『桂林学叢』『妙塔学報』『興隆学林紀要』『興風』『富士学報』『法教学報』『日蓮正宗教学研鑽《さん》所紀要』『日蓮主義研究』などが取り上げられてきたが、他の研究分野にも未だ十分に整理されていない紀要が眠っているはずである。

しかしながら、「他人の研究を紹介しているだけでは嫌だ。自ら知を切り開きたい！」という人は、どうすればいいのか。これは大学教員でも大変な試みだが、図書館をフル活用して何とか活路を見出してほしい。

私の専門分野で言えば、文献が入手しやすい近現代の日本思想史で手つかずの研究領域を探すのが良いと思う。いま私は文学作品に描かれた日蓮像に関する論考をいくつか準備しているが、これを研究対象に選定した理由の一つは、基礎文献の多くが地元の図書館やそのレファレンスコーナー（毎日新聞マイクロフィルム、聞蔵Ⅱビジュアル、ヨミダス歴史館などが見放題）、あるいはＮＤＬのデジタルコレクションを利用すればアクセス可能であり、あまりコストをかけずに調査できる見込みが立ったことである。こないだYouTubeを観ていたら、岡田斗司夫氏が「図書館は貧乏人のための福祉だ」（大意）と言っていたが、・・・我々は堂々と「福祉」を享受し、学問の発展に寄与していくべきである。

四　で、なんで宗教研究？

たまに、私がどういう経緯で宗教・法華仏教の研究者（しかも在野）になったのか尋ねられるのだが、説明が面倒でお茶を濁している。良い機会なので、この点についても述べておきたい。きな臭い話だが、学問・在野研究と宗教・信仰という問題系のケース・スタディになると思う。

私は創価学会という日蓮系教団の一派に所属する両親の元に生を受けた。幼い頃から「法華経」の（一部の）読経や唱題という一種のマントラ、および「御書」（日蓮が書いたあるいは口述したとされる文書を活字化した一六〇〇頁ほどの本）の学習といった宗教的慣習に浸かって育った。

父は神奈川県で小さな弁当屋を経営していたが、大学時代は日本の近代文学を専攻し、国語の教職をとっていた人で、飲食店に就職してからも一時は在野で太宰治研究をしようと模索していた文学愛好者だった。また古典文学も好み、若い頃は「御書」をよく読んでいたから、教団内の庶民的な地元組織では「御書講義」の担当者として重宝されていた。

そんな父が、私が中学生になった頃から、晩酌がてら読書遍歴を駄弁るようになった。仏教・日蓮も多く話題に上った。今思い返すと平板な内容ばかりだったが、読書にハマり始めていた少年にとっては知的刺激を得るに十分の「教育」だった。私の学問のとば口には、父がいた。

ただ我が家には致命的な問題があって、父の商売が私を公立高校に進学させることさえ危ういほど火の車であった。私は育英会から借金をして何とか昼間の高校に通い、勉強には割と真面目に取り組んだが、到底進学できる状況にはなかった。卒業後は店の切盛りと清掃のパートをして家計の歯車となった。読書夜話はずっと続いていたが、私が成人した年、二〇〇二年の一〇月初旬に、父はロケ弁の配達ルートの下見から店に戻ってきた直後に倒れ、翌朝には帰らぬ人となった。

その後、生命保険の不払いに遭い、事業負債の一部をどかんと背負うことになって多少へこんだが、しかしそれより遥かにショックだったのは、父の死顔であった。「御書」には、たとえば「妙法尼御前御返事《あまごぜんごへんじ》」（一二七八年／弘安元年）という文書があり、ここで日蓮は「臨終の時色黒き者は地獄に堕つ」とか「身の黒色は地獄の陰に譬う」といった言葉を引用して臨終の相を重視しているのだが、棺に押し込められた父がまさにその類いの姿だったのである。

私は素朴だったから、監察医から説明を受けて医学的なプロセス（かなり稀なケースとのことだったが）を理解してもなお、亡父に日蓮の言葉を重ねては胸が苦しくなった。半年近くかかってその文言を突っぱねたのだが、心理的なストッパーがとれた影響で、今度はそれまでぼんやりと抱いていた宗教・信仰に対する疑問が脳裏に浮かぶようになった。日蓮の攻撃性の問題、「御書」の文献学的真偽問題、他の宗教との思想的異同など、じっくり考えたいことは尽きなかった。

その後、私は病院やデパートの清掃で糊口《ここう》を凌ぎながらではあったが、宗教学・社会学・仏教学関連の本を開いて勉強するようになった。「日蓮系ブログまとめ」というキュレーションサイトを覗くと、市井には何らかの事情があって理性的な宗教探究の道を立派に歩む人々がいることがわかるが、当時の私は学問的な手法をろくに理解しないまま濫読していただけだから、頭の中はカオス状態であった。直に学知に触れたいという思いが日に日に強まっていった。

好機が巡ってきたのは二〇〇五年に入った頃、返済が少し楽になった時期である。私はバイトをやりまくれば夜間か国立の大学に自力で通えるのではないかと考えるようになった。無謀で自己チューな目論見だが、母が強く賛意を示してくれたので、本格的に進学の準備を進めた。

いくつか取り寄せた大学のパンフレットのなかで私が最も興味を惹かれたのが、八王子にある創価大学文学部人文学科（現・人間学科「哲学・歴史学」専攻）の紹介記事であった。ここでは、東西の思想史を学べるだけではなく、「宗教の哲学的考察」をテーマとし、（記憶が定かではなく、正確な表記ではないが）創価学会の諸問題についても検討するというゼミまで設置されていたのである。指導教員は、哲学者の宮田幸一氏であった。夜間部はなかったが、入試で上位に入れば四年間学費が半額になる制度があった。

翌年四月、無事、同学科に入学した。ここの講義の質は期待以上で、特に宮田氏の外書講読では、ロバート・キサラ氏やブライアン・ヴィクトリア氏といった宗教学者の論文を叩き台としつつ、この巨大な組織の教理・思想上の問題や社会学的な分析がタブー無しで語られ、非常にスリリングであった。三年次から宮田ゼミに入り、牧口常三郎『価値論』英訳版の校訂に関する講義を受け、四年次では私の語学の勉強のためにウィトゲンシュタイン『論理哲学論考』の講読を一対一でやっていただいた。卒論では、現代的な問題関心から「日蓮思想」について論じ、習作ではあったが、それまでの思索の一部をまとめることができた。

二〇一〇年四月、同大学院文学研究科博士前期課程に進んだ。私は哲学専修の学生だったが、関心があるのは宗教で、宮田ゼミでは『折伏教典』という創価学会の（かつての）教理書について議論し、修論では他の新宗教の言説研究をやった。また、仏教学・宗教社会学・数理哲学のゼミと東洋哲学研究所の勉強会にも参加し、人文社会の知見をグッと広げることができた。

一方で、同年春に法華仏教研究会の事務局に卒論を送ったことを機縁として、同会に参画させていただくようになった。同一の宗教組織を背景とするインテリ社会を相対化する視座を得たいと思ってのことである。

通常より五年遅れた六年間の学生生活のなかで、宗教・信仰へのコミットの仕方は変貌した。個別具体的な評言を記すのは、趣旨を違えるし、紙幅の都合もあるから控えるが、宗教思想の比較・相対化を意識的に繰り返すなかで、セクト的なイデオロギーは消失した。いま、じぶんにとって宗教とは何かと問うと、「学的関心の宝庫」という言葉が第一に浮かぶ。こうした心理状態を「信仰」と呼べるのかどうか分からない。ともあれ、私において学問はかかる内的変容をもたらすものであった。

博士後期課程への進学も考えたが、結局、断念した。研究職に就くのは不可能であること、家庭教師で生活できる目処がたったこと、完済までもう一頑張りであること、結婚したい相手がいることなどを勘案した。私は、宗教テキストと交わり、より手応えのある宗教観ないし日蓮認識を獲得していくという営みを続けられれば充分だった。

五　むすびに

私は、研究者のなかでは些か風変わりな人生航路を辿ってきた／いる人間だと思う。よくそんな経歴で教育に携わっているな、と思う人もいるかもしれない。

だが個人指導を必要とする生徒も、規格的・画一的な教育の場からハミ出していることがしばしばある。たとえば、学校や進学塾の授業についていけないとか、疑問の持ち方が教師の想定のナナメ上を行くといったケースである。なかには、利かん坊で塾から放逐された生徒や、学校をサボって公道でバイクをぶんぶんと奏で、暫しお巡りさんのご厄介になった生徒もいた。

こうした公教育・集団的な教育のブラインド・スポットを実地見聞し、個々の状況と目標に最適と思われる学習プランを立てながら助言していくのが私の役目である。私もまた周縁的な存在だから、「きみとは違うよ」的な超然とした態度ではなく、ある種の共感性をもって指南できているという自負がある。これほど私の在野らしさを活かせる仕事は他にないかもしれない、と思う今日この頃である。

第一〇章
貧しい出版私史

荒木優太

序　今日のエピメテウス

七〇年代に『学校のない社会 *Deschooling Society*』を書いたイバン・イリイチは、本の末尾でギリシャ神話のプロメテウスとエピメテウスの挿話を一個の教育論として現代的に再解釈している。

プロメテウスは「先見の明」の象徴。あれもこれもと社会人が知っておくべきことをカリキュラムとして事前に組んでおき、ちゃんと覚えたかどうかテストして合格点が出たら次のステージへ。学校という制度は、学ぶべきことを前もってパッケージングしている。

対して、エピメテウスが表しているのは「後知恵」。そのときどきに抱かれる必要や興味関心において、自主的に学ぶ、学び直す、よくいえば臨機応変、わるくいえば付け焼き刃の連続で成り立つような後手の学習姿勢だ。イリイチは学校に代替するものとして、誰もが無免許で先生になり、同じ人がまた学生にもなれる、そのような機会を推し進めるラーニング・ウェブの重要性を訴える。ちなみに、災厄ばかりが飛び出るけれども最後には希望が残されていた箱でお馴染みのパンドラは、プロメテウスではなくエピメテウスと結婚する。

今日、イリイチが待望していたようなラーニング・ウェブは、インターネットのなかに部分的に実現しているようにみえる。個人のブログから教わることが多くなった。つまらない講義のあいだは紙にプリントアウトしたブログの記事をひそかに読み進める内職（？）をしていた学生時代が懐かしい。もう隠れて読む必要がないから印刷せずにそのまま読むか、近いうち閲覧するかもしれないアドレスはFacebookあたりをメモ帳代わりに手当たり次第に張っておく。あとで検索すれば何かしら引っかかるだろう、という目算。

いや、それ以上に、いまや自ら書きさえするのだ。というよりも、自分の研究成果をできるだけネットに公開するように努め、書いたものをＰＤＦにして自由にダウンロードできるようにしておく在野研究を始めたのは、思えば、そのような不真面目さをもとから抱えていたからかもしれない。免許をもった人の話に余り興味がない。百歩譲って免許はいいが、長話だけはどうしても駄目だ。書き言葉と違って、強制的に喋る速度に付き合わねばならない。文字は早く読むこともできれば遅く読むこともでき、躓いたら前に戻ってもいいし、同じ一帯を行きつ戻りつしてもよい。注目すべきポイントにしぼってセンテンスを集め直してもよい。自由度がまるで違う。

私にとって研究とは本を順番通りに読まない技術の体系だ。

一　電子の私家版

フンボルト以来の近代大学の理念が教育と研究の総合であるとしたら、私が在野を選ぶのは必至だったのかもしれない。教育にまったく関心をもっていないからだ。とりわけ、私が専攻している日本近代文学は伝統的に批評や出版といったかたちでアカデミズムとは距離をとって受け継がれてきた知の系譜だ。ということならば、自然、教壇から遠のくのもむしろ道理とさえ思えてくる。

大学院は前期課程（いわゆる修士）まで出た。後期課程（いわゆる博士）に関しては、当時の指導教員が「教育免許をとらないと進学させてくれない」とまことしやかに噂されていた人で、当然そんなものを取得する気は毛頭なかったが、せっかくの機会だし受けてみるのもよい経験だろうと面接に挑むもあえなく不合格。将来の進路を聞かれ、漁師になります、と答えたのがよくなかったのかもしれない。

漁師見習いという適当なエクスキューズも得て、晴れて自由の身になってから第一に始めたのは、自分の論文を広く届けるための電子書籍づくりだ。昔から紀要論文が査読者や編集者ふくめた数人しか想定読者をもたないことに不満があった。ある日、先輩に「論文書いても読む人が皆無なんで、あんま意味ないですよね」と愚痴ったところ、「でも専門の先生に読んでもらえるじゃないか」という答えが返ってきて、ああ、本当に感覚が全然違うのだな、と思ったものだ。学問は学者のためだけにあるのではない。

そういった難点を一気に解消できるようにみえたのが、二〇〇〇年代の電子書籍ブームだ。ブームそれ自体は、単なる時代のあだ花に終わったが、ネット上にPDFをばらまいておく経路自体は、オープンアクセスで読める学術論文の増加もともなって、ますます説得的であるように思えた。株式会社ブクログが提供しているサービスに「パブー」という個人向け電子書籍作成のツールがあって、第一にこれを利用させてもらった。このサービスが当時便宜に思えたのは、オンライン上でもテクストが生成されるため、検索エンジンで探せばキーワード次第ではきちんと引っかかるという点だった。分かりにくければ、もっと簡単に、PDFとしてもダウンロードできるブログ、とイメージしてもらってもいいかもしれない。

同時に、現在でもつづけている早朝の清掃労働のパートを始めた。早朝清掃が素晴らしいのは、第一に人と話さなくてもいいのでウンザリしないこと（私は人と話すのが嫌いだ）、第二に満員電車を回避できること、第三に生活にリズムが生まれ一日を効率的に活用できるということだ。デメリットは労働時間が短いので稼ぎが少なくそれだけだと貧乏必至であることと、一四時くらいに猛烈に眠くなるということだ。

　とはいえ、実家に住んでいるので金欠になったとしても簡単に死ぬことはないだろう。非正規雇用に従事していたり、社会人になって実家住みをつづけていると、かなりの確率で人々に馬鹿にされるが、馬鹿にされることを恐れて研究者などできない。使えるものはなんでも使う。見栄をはっている余裕がどこにあるというのか。馬鹿にされる、上等である。だいたい人間は、どういうルートを辿ろうが他人の悪口をいいながら生涯をまっとうする残念な生き物なのだから、たいていのことを「うるせーバカ!」で捨てておけばよい。人間たちに期待などしてはいけない。テクストだけが大事である。

　ちなみに、家族の悪感情を手当てするには生活費を定期的に手渡すとよい。一気にではなく定期で、あと、少しずつ増額していくのがミソだ。意外と社会人やってるんだぞ、という暗黙のメッセージである。

二　失われたページを求めて

　インターネットと研究を考える上でもっとも困難なのは、ネットにはページの概念がないため他の研究者からみると参照先が明確に指定できず、参考文献として魅力に乏しいという問題がある。更新をすればまったく別の内容にすり替えることができてしまう。そのような怪しげなものをわざわざ引用しようとする間抜けはいない。他人の業績を確認しながら石を積み上げていく人文社会系の学問からみて大きなアキレスだ。

　PDFはそんな流動的な世界のなかで、焼け石に水ていどではあるが、一応の仮固定の機会を与えてくれる。ページもあるし、一回発行したら書き換えできない。公開する原稿には、その手続きを踏んだ年月日を入れておき、元の原稿の中身を改変する場合はその旨とともにやはり変更日を明記するかたちで版《バージョン》の差を強調した方がいい。これも参照する側にとっては、目の前の文献が信頼できるかどうかを判断するための一つの目安になる。

　ダウンロードという操作も魅力的だ。ネット上にある長文は、それが長ければ長いほど、真面目に読まれることはない。ただし、たとえそのときは無視されたとしてもダウンロードさえされれば、データとしてその人のパソコンのなかに潜り込むことができる。このような経路で複数人へと拡散すれば、滅多なことが起きないかぎりこの世から完全に削除されることは稀だろう。他人のパソコンを文書保管庫代わりに使わせてもらう。

　副次的なことだが、これは剽窃予防にも役立つだろう。「これぐらいマイナーならば誰も読んでいないだろう」という侮りが剽窃を誘発させる。読まれていること、読まれ得ることが可視化されれば抑止につながる。勿論、私のアイディアを盗もうとする奇矯な研究者が存在するとは到底思えないが。

　こういった工夫をこらすことで、死蔵された紀要に比べれば、読まれやすさは段違いになるはずだ。とはいえ、当然のことながら専門性が高ければ高いほど、当てにできる読者の数は限られている。広告収入や課金コンテンツなど、今日のインターネットは副収入の期待とともに語られがちだが、こと研究に関してはあまり高望みしない方がよいだろう。数の勝負はやめるべきだ。二〇一三年、ネットで発表していた論文をまとめ直して、『小林多喜二と埴谷雄高』を紙で自費出版したが（ブイツーソリューション、部数一五〇部、定価八〇〇円）、いうまでもなく儲けは勿論のこと、出版費を回収することもかなわない。新しいツテや仕事に恵まれたりすることもない。完全なる自己満足だ。

ただし、製本を経ることで嬉しい反応もあった。ＳＮＳで読み終えた感想をもらったり、『倫理学』（筑波大学倫理学研究会、二〇一六・三）に発表された今泉早織「埴谷雄高の文学における政治批判」という論考で拙著が引用されていた。中川成美＋村田裕和編『革命芸術プロレタリア文化運動』（森話社、二〇一九）の参考文献欄に載っていたこともあった。泥臭く、そして痛々しくアピールしつづければ少部数でも届くところには届くのだなと実感した。この本は二〇一七年に『貧しい出版者』（フィルムアート社）というタイトルで増補復刊を果たし、二〇一八年にはやはり既発表論文をまとめ直す同様の手法で『仮説的偶然文学論』（月曜社）を上梓した。

三　私を他人にする方法

電子書籍から紙の書籍への編集・出版は、ひとつにはそれまで貯めてきた論考群を一貫したテーマの下にまとめたいという目的に加えて、自分がやってきたことを不自由な物質に託すことで、研究上のケジメがつくと思ったからだ。

研究とは、ある意味で無限につづけられるものだ。ある作家に関する新しい知見を発見したら、それが別の作家との関係のなかでどのような意義をもっていたのか気になってくる。ある作家の特徴とみえるものは、彼の創意が生み出したものなのか、はたまた時代の定型的な表現だったのか、同時代言説も読みたくなる。そういった同時代言説は、果たして先行世代や後続世代と連続したものなのか、それとも切れているのか、バックナンバー捲りは止まらない。この手の探究はしばしば専門分野をまたぎ越すことも厭わない。学問が本来は文系も理系もない一つの巨大なものだと感じる瞬間だ。

こういった際限なさに関して紙によるアウトプットは、暫定的な切断線、ある研究を終わらせる／新たに始めさせる、強制力として機能する。締切日にも似た力がある。「パブー」で成果を公開していたときは、二ヶ月に一回は必ず書き下ろしの論考をアップロードすることを自分に課していた。オリジナル義務である。調べものはどこかの時点でいったん終わらせる。全力を尽くしたのだからもうしょうがないでしょ。よく使う言葉だ。

この点、ネットが難しいのは、一度提出したものであれ、常に修正可能性にさらされるため「終わった感」を感じづらいところにある。紙だと、修正反映のためには新しく刷るという大儀に臨まなければならない。この差がもっている心理的作用は極めて大きい。成果を物にして流通させることは、自分の研究のアピールであると同時に、物がもっている不可逆性の力を借りて自らの構えを改めるマインド・リセットの知恵でもある。

それにしても、校正というのが苦手だ。自慢ではないが、誤字・脱字・引用ミス・著書名や発表年の勘違いなどが皆無な原稿を仕上げたことがない。『小林多喜二と埴谷雄高』の誤植の多さは惨憺《さんたん》たるものだ。こういったヘマは一方では生来の粗忽に由来するものだが、他方ではネットが備えている修正に開かれた特徴に慣れきってしまっている悪癖なのかもしれない。研究仲間がいれば、ぜひ原稿を読んでチェックしてもらうところであるが、残念ながらそんなものは存在しない。私が他人にならなければならない。

他人になるには、普段の読み方から別の読み方を考案する必要がある。引用ミスに対しては、引用元を必ず紙でコピーし、論文で使う順番通りに束ね、その照合だけに集中するステップを絶対に踏む。著者名や発表年などは、いま書いているものをコピー&ペーストして国立国会図書館雑誌記事索引など適当な検索機関で機械的に調べる。ヒットせず、という結果が出たら、自分の写し間違いを疑ってみる。

論文本文はどうすればいいか。チェックポイントに関しては『日本語の正しい表記と用語の辞典』（講談社校閲局）が参考になるが、これで間違いが一掃できるなら苦労はない。第一段階は声に出して読むこと。黙読よりも読むスピードが落ちるぶん、字形に集中でき、文の構造もより緻密に把握できる。第二段階は、歩き回りながら読む。ものを読むときの姿勢はだいたい動かない。だから単調になって自動運動化してしまう。慣れた仕方で読んでしまう。身体の様々な動きを介入させるとまた違った読み方ができる。

ちなみに、このように声帯を酷使するため（私は声が大きい）、論文を校正する期間はいつも飴を舐めている。一番のおすすめは、爽快感が段違いで喉を癒すのに特化した（と個人的には感じる）カンロ株式会社の「ノンシュガースーパーメントールのど飴」である。が、そもそも私は飴が好きなわけではない。はっきりいって舐めたくない。でも、舐めなければ論文が完成しない。つらい。

四　精神としてのサークルイズム

二〇一五年、講談社が主催する群像新人評論賞の優秀作として、余技で書いていた評論が選ばれた。ジョン・ロールズというアメリカの政治哲学の巨人に関するものだ。また、同時期、ウェブサイトで連載していた「在野研究のススメ」を著書にしないかというオファーが舞い込み、いわゆる商業出版のデビュー作となる『これからのエリック・ホッファーのために』が二〇一六年に刊行される。時期は前後したが、新人賞以前に書籍化の話が持ちかけられていたため、編集者はいまやネットでこそまとまった量の文章をこなせる書き手を探す時代になったのだな、と感慨深かった。

ただし、これらの書き物には日本文学研究という自分の専門性はあまり反映されていない。似たような時代の似たような文章ばかりを読みあさり、かつ書き継いでいると、少々飽きがくる。気分転換に違う趣向のものを混ぜてから新鮮な気分で本業に戻る。こういうことを繰り返していると、付随して専門外の雑文も結果的にぞろぞろと書けてくるようになってくる。自分の作物を「本店」（専門的論文）と「夜店」（現代政治評論）に分けた丸山眞男に対して多くの読者は「夜店」こそを歓迎したという歴史の皮肉があるが、私自身もほとんど「夜店」の人として認知された。

ジャーナリズムの最大の利点は原稿料が発生するということだ。ピンからキリまであるが、頑張って書けばちょっとしたアルバイトくらいにはなる。書いたものをきっかけに、自分の専門領域に興味をもってくれる読者も決して少なくない。ただ、そういった場を利用して固い研究を続行できるかといえば、多くの場合難しいだろう。専門的に過ぎれば「もっと易しく」という注文が入り、読み手の関心をひきつけるような現代的テーマや派手な言辞を求められ、学術的厳密性を守り通すことが相当に難しいからだ。厳密性を確保したいのならば、小規模であってもよいから金銭からは離れた場へのアクセスを維持しておいた方がいい。

たとえば忙しいなかでも、一年に一本、原稿料とは無縁な四百字詰め原稿用紙四〇枚の論文を書く。これを一〇年つづければ四〇〇枚の原稿ができあがる。これくらいあれば本の一冊くらいは書ける。研究のリズムはジャーナリズムのそれよりもずっと遅いし、遅くて構わない。ジャーナリズムが要求する速度に没入してはならない。

鶴見俊輔は評論「サークルと学問」（『思想』一九六三年一月号）のなかで、知の枠組みを西洋から輸入してくるアカデミズムとその知の枠組みを日本的に変形させるジャーナリズムの両方と峻別された仕方で、その人の現在の生活のなかに活きる関心から出発するサークルイズムの重要性を唱えていた。現代的に読み替えれば、それは権威主義的なものにも商業主義的なものにも汲みつくされない在野の知を暗示していないか。サークルという小集団の結成には失敗しているものの、精神としてのサークルイズムは、二重の否として私のなかに響いている。

五　クソみたいな人生にちょっといいことがあってもいいじゃないか

研究的テクストが素晴らしいのは属人性を超えていけるからだ。純文学の小説家はそういった自由をもたない。いつも深遠な思想やエキセントリックな性格やスキャンダラスな私生活を勘繰られたり、期待されたりする。テクストと人間が固く結ばれているからだ。が、研究者の書くものはそうではない。三好行雄や浦西和彦や亀井秀雄が――いずれも日本近代文学の大学者である――どんな人だったのか、癇癪《かんしゃく》持ちだったのか、意固地だったのか、偏屈だったのか、人間嫌いだったのか、私は知らない。そして興味もない。彼らが一生懸命書いた（だろう）テクストだけが残っている。それでよい。

研究のこの荒涼な風景は人によっては物足りなさを覚えるものかもしれないけれど、ある種の人々にはちょっとした慰めでもある。つまりは、私もふくめ、友人や恋人といった人間関係に恵まれなければ、社会的評価の高い仕事で認められることも望めず、早くも人生が終わってる連中にとっては、書くことはすなわち希望を書くことにほかならない。テクストだけで判断されるときがきっとくる。いうまでもなく、人生が終わっているからいいテクストを書けるのではない。なにをするにしても終わってない人生の方がずっとよい。ただ、もし仮に人生になんの望みがなかったとしても絶対に物を書いてはならないという法はどこにもないのだ。大学が終わったあとでも、人生が終わったあとでも、それでも残るものがある。

よく自分が書いたものを読み直す。読み直してつくづく「いいものを書いたな」と思う。内容をだいたい忘れているので、初めて読んだような感動を味わえる。ありがとう、わがボンクラ！　これを書き残せたのだからもう死んでもいいかな、と感じる。無論、単なるナルチシズムだ。しかし、こんな感傷も幸いなことにやがては風化する。人間が消え、テクストだけが残る。ならば、クソみたいな人生、というよりも、人生というクソを押しつけられたこの最悪の災厄のなかで、ほんの少しのあいだ幸せを感じたって、そうそう罰は当たらないだろう。

私は私自身よりも私が書いたテクストの方がずっと好きだ。テクストならば私を超えていける。さらに運のいいことに、書きたいことはまだまだたくさんあるのだ。好きなものがたくさんあるのはよいことである。

インタビュー2

学校化批判の過去と現在　山本哲士に聞く

山本哲士（やまもと・てつじ）

一九四八年福井生まれ。専門は社会学・教育学・環境学などを含む「超領域的専門」。東京都立大学大学院・人文科学研究科教育学専攻博士課程修了。教育学博士。日本国際高等学術会議・理事長、文化科学高等研究院ジェネラル・ディレクター、web inttelligence university、など新たな学術研究システムを構築している。『哲学の政治　政治の哲学』『哲学する日本』『ブルデュー国家資本論』『〈私〉を再生産する共同幻想国家・国家資本』（ＥＨＥＳＣ出版局）など多数。山本哲士の理論体系：https://tetsusanjin.wixsite.com/my-dogs

在野で学問をするとき、ちゃんとした資格がない自分が研究をしてよいのだろうか、という自己規制の力が働いてしまうことがある。これは、七〇年代、イバン・イリイチを主要な参照として論じられていた学校化による逆生産性、学校に行けば行くほど制度外での学習のやる気が削がれてしまう現象の典型例ではないだろうか。メキシコでイリイチに直接学び、帰国後も学校化批判の著作を発表しつづけてきた山本氏に話をうかがった。

イリイチに出会う

――まずメキシコ前後のことを教えてください。

山本　大学の一九六八年からの大学闘争の時代を通過して、それで僕の場合も行くところがなかったので、都立大学大学院に、ちょっと先生が第三世界の教育研究を開始したいから来ないかっていうので、呼ばれて行きました。ちょうど指導教官とゼミでパウロ・フレイレの翻訳をやっていて、そこでイバン・イリイチのことが触れられており、イバン・イリイチとエヴァレット・ライマーとが一緒に学校批判しているのを知った。ライマーの原書をみたら、ＣＩＤＯＣという研究機関がメキシコにあると知った。自由な研究をやっていると注にあっただけなんですけど。メキシコ大使館に問い合わせたらそんなの知らんって、留学手続きを取るにも取れない。面倒くさい、行けばなんとかなるだろと思いメキシコへ発ちました。

僕の中で、ある種の日本への絶望感がありましたから、事と次第によってはそのままラテン・アメリカの革命運動にもう入り込んじゃおうというぐらいの決意で行ってるんですよね。その頃、一九七五年ですが、飛行機代は大変なお金でした。片道の旅費だけ友人関係にみんなカンパしてもらったのです。

メキシコシティに教育研究所があるんですけどね、そこにイリイチ関係の資料がドッとあった。それで、クエルナバカという町がメキシコシティから一時間ぐらいですけども、バスで行ったら、道路標識にＣＩＤＯＣって出てるんです。研究所をコンコンとノックして、イサック・ロヘルがいて、彼が、案内してやると、図書室を見てぶったまげた。教育批判の書がダーッとあるわけですよ。日本に全然届いてない、誰も知ろうとしてない。これはいったいなんだという感じで、読破が始まるわけです。ところが先進国の人間は図書館使用料は高い。後進国の人間はものすごく安い。俺は先進国の人間の生まれだけども、俺の生活実態は低開発だからなんとかしてくれって言ったら、まあ日本から来たんだから安くていいよって許された。

ちょうどイリイチがいなくて、それから数週間後に帰ってきたのかな。マンツーマンで彼とのディスカッションが始まる。こっちの考えと彼が言ってることとの狭間の中で、なんていうのかな、常識がひっくり返る、さらにちょうどそのときは医療批判をやってましてね、世界中から医者や学者とかみんな集まっている。そのセミナーは、英語、ドイツ語、フランス語、イタリア語、スペイン語、ポルトガル語などが飛び交うわけです。なんだこの光景はという驚きですね。彼は何十カ国語も喋れますから。そうするとこっちはついていけない。僕だけテープレコーダーを許された。消してまたやるから、出回ることはないからっていうのでイリイチに了解を受けて、それで僕はそれを持ち帰って、可能な限りその夜それを訳すわけですよ、自分で理解しながら。

これが自分の生涯の中で一番勉強したとき。資格にもならないし、何にもならないけど、これが大事なの。ただの大学のシステムからすれば民間のイリイチの研究所がそこにあるだけの話。ところがその民間のイリイチの研究所のほうがメキシコにあるコレヒオ・デ・メヒコだとか、ウナム（ＵＮＡＭ）という国立大学だとかそんな大学よりも遥かにレベルが高い、「学び合い」の場になっている。しかも世界の一流の連中がそこに集まってる。あっ、こういうシステムを作ればいいんだっていうことはそこでもう実感的に痛感したわけです。大学闘争で大学教師たちを、あんたら学問していないと僕は吊るし上げていましたから、大学制度などで学問などできない、自分の方がはるかに勉強している、しかし、イリイチのところで新たな「思考・学問をつくる」ことを知った。教育・医療を含んだ徹底した産業社会批判を通じてです。学問・研究するのに、在野とか大学とかの制度基準はなんの意味も規制条件もない。自分が自分によって対象世界を学ぶ、その知のツールは世界の文献として膨大にある、大学人なんてそれらを勉強もしていないですよ。

メキシコの自由

――イリイチもさることながら、メキシコの現地の人々の生活も山本さんにとって大きなものだったんですか？

山本　革命運動的な諸状況を見ると、行くまで本当に気づかなかったけど、ほとんど平和な生活状態なのですよ。あるときに武装的対立が起きるだけの話で。その頃日本人でも運動に入っている人もいましたから、たとえば土地所有者と農民とがぶつかった場合、農民たちの集会があると、その頃は学生も、政府おかかえの右翼もいれば左翼もいればごちゃまぜですから。バス停で待ってる農民たちを銃で乱射して殺して、サッと消えちゃうとか突発的に起きる。そういう危険はあるが、圧倒的に多くの日々は平穏に生活してる。

それで、さらにイリイチのもとで社会主義批判であるとかいろんなことを学びますよね。そうすると、その革命という行動自体の間違いにだんだん気づいてくる。マルクス主義の考え方の限界もわかってくるし、革命の在り方の間違いも理解されてくる。修士論文は僕の場合、キューバ社会主義教育の革命教育がどういうふうに変遷するかを研究しましたから。ソビエト社会主義教育も限界があることは勉強していた。キューバ社会主義教育も一九六五年ぐらいまではダイナミックで面白いんだけど、それ以降はもう制度化されていって全然つまんなくなる。学校と同じになっちゃうんですよね。

メキシコの人々は学校という制度基準の中では動いてない。生存生活で動いている。面白いケースをあげますと、車が渋滞する、すると後ろの車はどんどん前に行こうと横へ出る。車線を越えるわけだから、向こうからきた車はそこで止まっちゃう。今度は反対車線も渋滞するわけ。お互いに道路で向き合ったまま喧嘩もしない。どうしよう、動けねえな、そうやってると、後ろがだんだんいなくなって、それで渋滞が終わって、通れる。そういう光景を見て、日本人は、道徳観念がない、交通マナーがないっていうふうに批判する。

批判してる人間のほうがおかしい。だって前に行きたいんだから、そういう心理状態になるのはきわめて妥当。それでぶつかっちゃえば動けないんだから、動けないものを動かすといったって無駄な話だからそこで諦める。目の前の現実で生きている彼等のバイタリティある姿を見てて、これは俺たちのほうが相当ひっくり返ってるなという実感を得たことが大きい。のちにフーコーから規範・規則従属の「規範社会」だと理論概念的に知っていくことですが、他にも笑い話みたいなことがたくさんある。日本の知識人が、イリイチの翻訳もそうですが、「サブシスタンスの存在」をまったく理解できていない、産業社会的生活とはまったく逆転しています。

大学を機能停止させるには

——ＣＩＤＯＣの図書館でお読みになった教育批判関係の書物に蒙を開かれたという話がありましたが、日本の教育のあり方についてもう早い時期から違和感があったのでしょうか？

山本　高校時代に、優秀な子は理工系に行く。僕もわかんないでともかく理工系に行くわけ。だけど全然肌に合わない。受験勉強では自分の家が貧しかったから部屋がなかったので図書館に行って勉強する、その図書館が開架式だった。いろんな本がある。そこで、ランボーだ、ボードレールだ、大江健三郎だ、フランス文学だとか、基本的に文学好きだったからそういうのをどんどん読んでいって、その面白さに比べて学校でやってる授業のばかばかしさ。僕の場合は一年まではは真面目にやりましたが、二年生で完全に放棄したんです。だから、上にいたレベルからもう下から数えたほうが早いほうにドンと落ちた。それでもうそんなのどうでもいいと思った。僕は授業を抜け出して、千葉寺のほうで本を読む。高校時代からそうなんですよ。それで、同時にどんどん知識がついてくるわけだから、高校の教師の言ってる未熟さ、それから、出てくる試験のばかばかしさがわかっちゃうわけでしょ。大学闘争に入ると、大学教師たちの不勉強さ学問のなさに呆れる、党派の学生活動家たちも全然マルクスを勉強してなければマルクス主義も勉強してない。話にならないわけです。

――なるほど。山本さんの言論活動の原点には大学闘争での期待と失望があるように感じていたのですが、若いころの違和感はそこに通じているんですか?

山本　僕はものすごく勉強してるの、自分で。大学一年のときはもう河上肇全集読んでる。それなのに同級生の学生たちは何も、河上肇の名前さえ知らない。そして今度、大学の教官にどんな本読んだらいいですかと尋ねると、必ずほとんどの教官は新書を薦めるんだよ。そんなの僕一時間で読めますよ。本当に大事な本はなんだっていったときに、これを言える大学の教師がほとんどいない、つまらぬ専門馬鹿ばかり。それで大学の紛争が始まって、僕はだから四面楚歌状態になる。当然反共産党、つまり共産党系の民青に対しては絶対に妥協しない。新左翼系の党派に対しては、共同はするけども従属妥協はしない。そして、大学当局もあるでしょ。だから三方、それに一般学生と四方です。

僕は三人いれば大学を振り回せる実感を持ってる。三人ぐらいいて、じゃあどうする、ともかく全部機能停止させよう、と。三人しかいないんだから、全学は無理、まず棟を封鎖する。そうすると、まああんまり言っちゃいけないけど、だらしないからみんな逃げる、教官も研究室放り出して逃げるんですよ。それでこの占拠した棟だけ我々の自由になる。今度はここを守らなきゃいけない。守るために、人を動員しなきゃいけない、もう大学闘争もどんどん停滞してきてるときだから、中心だった先輩たちも同年生もなんか諦めている。しょうがないから麻雀大会やるから集まれって、麻雀をやらす。そうするとみんなすぐ調子に乗るから、そこに火災報知器があるでしょ、ライターの火をつけてバーってやって。消防車がワーって来て、それでまたバタバタやる。それだけで大学は授業する場がなくなり完全に機能停止する。

そのときたまたま、そこに弓の競技場があった。ここを封鎖したから、弓と矢がそのまま残されてる。みんな逃げちゃった。これ使えるぞと、机を積み重ねて、そうしたら事務官たちが、また山本たちがなんかやったっていうので撤去に来た。我々はバリケードの上から弓で構えて、そうしたら事務官たちがブワーっと逃げた。信州大学に就職したときに、事務官が「私、先生知ってます」「先生が弓を構えて、逃げてる中に私いました」って。「それはその節はどうもご迷惑をおかけしまして」ってね。僕は完全マークされていたそうです。一見愉快犯のようですが違う、大学解体に対しての教育過程闘争という戦略もってのことです。試験などで人の能力は測れない、つまらぬ授業はいらない。

試験は、答えを全部黒板に書かせるの。はい全員一〇〇点、全員通過、全員A。だから我々がいくともうみんな大拍手。こんな無意味なものは全部実際に無意味にしろと。無意味にすることは単純で、全員が一〇〇点で全員がAを取ればいい。つまらぬ講義内容でなにも試験やる必要ないわけだから。

ただ単位を潰すことだけは駄目だった。単位制度があることで大学システムがもってるなっていうことを実感しました。それが教育の制度化である学校化であることをイリイチで論理的につかむことができた。そんな理論まったくなかったですからね。

吉本隆明との出会い

――山本さんの大学教授に対する攻撃的な口吻は、山本さんにとっても大きな存在であるところの吉本隆明を想起させます。直接対談もなさり、山本さんがディレクターをつとめる文化科学高等研究院出版局（EHESC）で『心的現象論本論』（二〇〇八）を出版された経緯もあるかと思いますが、吉本さんへの私淑はいつごろから始まったんですか？

山本　我々の頃は吉本隆明は神様みたいなもので、大学のときに本で知る。僕は学生のときに自主講座を依頼に一回吉本さんのところに行った。そのときに吉本さんの対応を見てて、こんなに誠実な人がいるのかという驚き。対応の仕方が大学の教授と全然違う。それで、イリイチをやって帰国したときに毎日新聞の編集者だった人が、吉本さんにどうしても教育を喋らせたいというので、その対話の相手になってくれってきて。それで対話したわけです。

――『教育　学校　思想』（日本エディタースクール出版部、一九八三）ですね。

山本　本当にこれは印象的なんだけどエレベーターのなかの帰り際のときに、「山本さんまだ喋り足りてないんじゃないの」って吉本さんが言う。「ええ、もう山のようにあります」って、「次やりましょうよ」っておっしゃる、それで、「わかりました」って、その話をエディタースクールの吉田公彦さんが聞いて、谷川雁さんの弟さんです、じゃあうちがやりましょうっていうので、吉本さんとの対話が始まった。最初は、だから、僕が聞き役、次が吉本さんが聞き役。三回目か四回目あたりから言ってることが逆転。僕が言ってることを吉本さんが言う、吉本さんが言ってることを僕が言うというふうに、逆転現象まで起きた。初めての、吉本さんの一貫した対話本だと思う。鮎川信夫さんとの寄せ集めはありましたが、内容の質が全然違うでしょ。栗本慎一郎さんがほぼ同時に出しましたが。

ありがたいことにそのまま二五年間、ことある度に吉本さんと対話して。僕の場合はもうイバン・イリイチというものすごい巨大な思想家と、吉本隆明という世界一の思想家の二人から学んでるから、そんじょそこらの学者達の馬鹿さ加減というのは話にならないんですよ。唯一僕が学者としてほんとにすごいと思ったのは、白川静さんと坪井洋文さん、直接に対話させていただきましたが、この二人だけ。はっきり言ってあとはもうどうしようもない。学生にアジりましたが、二年間一つのことを徹底してやってみれば、大学教師レベルなどすぐたどり着く、そんな程度のことしかしていない。

謙虚な在野人たち

――ご著書では講師でありながら労働者でもあった梅沢謙蔵さんからマルクス・レーニンを学んだというようなこともお書きになってました。在野であることは、研究者の思考にとって大きな意味をもっているように考えているのですが……。

山本　そういう話を聞いてていつも気になっちゃうんだけど、「在野」という設定にはやっぱり大学が基準になっている。大学なんてね、制度権力を偽装しているだけでなんの学問的かつ知的な実質も基準もないんですよ。大学はもうはっきり言って学ぶところじゃないの、お金払った分の資格を取るだけのところ。不能化された大学教師が不能人間を形成するところになり下がっている。これは改革不可能に構造化されている。

大学闘争のころ、非常勤が大学の教師に都合のいい形で決められていた。僕はそれに反対して、学生の側から決めるようにした。二番目で梅沢謙蔵さんを呼んだ。さらに自主講座やって。当時はウル・マルクス研究、つまり原典研究の質がすごかった、廣松渉とか、平田清明とか望月清司、花崎皋平とか。平田清明を呼んで、梅沢さんを呼んで同時にやった。平田清明は文献解釈を徹底的にやる。この軽薄さ。それに対して梅沢さんは、私は『資本論』までたどり着けません、私はまだ『経哲草稿』と『ドイツ・イデオロギー』が精一杯ですっていう。ド迫力です。これを新聞会の連中らは、平田清明をすごいって言う。このときに僕はこいつらも駄目だと思った。ただの知識主義ですね。

梅沢謙蔵さんは実感的・実践的にマルクスをほんとに読み込んでいました。彼は文庫本を二冊買う。本のページは裏表あるでしょ、だから貼り付けるには二冊必要。そこに全部書き込みの注釈加えてるの。ドイツ語を読んでる平田清明よりも遥かに読み込んでる。これはイリイチがやってるやり方と似ている、つまり非アカデミズムの仕方です。このやり方を大学教師は絶対にやらないんですよ。ごまかし体裁のきれいごとだけ、アカデミズム社交界に通用する業績かせぎだけやる。大学は賃労働教官が、自分の都合で狭い学問を専門と称して、学会に業績通用することだけして、無知な学生を相手に生活しているだけの場所です。

――梅沢さんがおっしゃる「たどり着けませんでした」っていうのは、さっき吉本さんにお感じになった誠実さと相通じるものがある気がしますね。

山本　その梅沢さんがある日、僕を「ちょっと勉強会に来ませんか」って誘った。そのときに、ほんとに驚いたんだけど、池袋管区労働部隊到着しました、ってバーッと入ってくる。それがほとんど、梅沢さんが言うには中卒ですよ。そこへ向かって梅沢さんたちの労働者講師が『経哲草稿』をたたき込む。たたき込むってこういうことかって知った。学校がやるような受験勉強のたたき込みじゃないですよ。なんで労働者＝自分は搾取されるのか、搾取されるという現実とその根拠を徹底的にたたき込むわけ。だから、論理的かつ実践的に彼等はそれを理解してる。それでさらに、「山本さん、彼等はフォイエルバッハテーゼを全部書き出して机の上に置いて毎日理解しようとしてます」。これ学生がやってるかって、やっちゃいない。俺もやってない。上っ面だけで読んで、理論と実践が一致しないって、こんなことやってる。

学問するっていうのは大変なことなんですよ。人が教えてくれることなどではない。日本とアメリカとの関係性の問題をどうだといったときに、当時は帝国主義だとか、アメリカへの従属だとかいろんなことがある。それが今度は党派の分析になっちゃう。これはまた納得いかない。そうするとそれはちゃんと我々なりに、勉強会をやったり分析したりしながら、学んでいくわけですよ。そのためにマルクスを理解しなきゃいけないし、レーニンを理解しなきゃいけないし、グラムシを理解しなきゃいけないし、そのときに同時に、プラグマチズムや実存主義を批判しなきゃいけないとか、そういう課題がどんどん出てくる。こんな関係は個別専門の大学教授は教えてくれない、自分たちで学ぶしかない。今の若者たちにこれをやらないようにさせている大学の再生産のシステムなんですよ。自分で自分の誤認や再認を批判省察しようともしていない、自分がすること、そこに在野も大学も関係ない。世界に膨大な知的蓄積がある、自分をとりまく現実がある、そこにだらしなくてはいけない、ということだけです。

データは情報じゃない

——山本さんが学生だったときと違って、今日、大学は新しい職業訓練学校のような役目を担ってしまっているようにみえます。必ずしも大学に行かなくてもいい人（行きたくない人）、学問に興味がない人も将来のために行かねばならないところになっているのではないか。この包摂の全面化についてなにかご意見があるでしょうか？

山本　現在ね、大学には、大体その年齢人口の半分が大学に行っている。職業訓練はしえていない、ただの真面目な従順な「賃労働者」になるためだけのシステムです。ところが下の方の大学は潰れてる、学生が来ないからです。つまりあとの半分は大学なんか行く気はない。経済的貧困というより、そんなもの必要としてないんですよ。

今、僕なりに新しい大学のシステムつくろうとやってる。すると、もう満杯なのになんでつくるんですかって、こういう話になる。いや、満杯じゃない、半分行ってないんだから。ところが半分行ってなくてもこれを必要とするような諸条件がない。つまり、偏差値学力が今の大学です、それは実質的な学ぶ力ではない、偏差値などとまったく関係のない「自律的学び」の大学をつくらねばならない。学問が専門職に一致するもの、学問と実際とが分離しているものは意味がない、学術の水準が低いから経済や環境と世界と分離しちゃうのです。転換するかできないかの一つのチャンスだと見てるから認可されようとされまいといま一生懸命やってるわけ。

――なるほど。それが、インターネット上でのディスカッションを中心にしたミネルヴァ大学、それを元にした大学構想につながっていくというわけですね。

山本　ミネルヴァ大学を調べていくとわかりますけど、ほとんどイリイチ入ってますよ。校舎の中にいて、またなんで運動場や体育館なんか必要なんですかね。ましてや我々も社会人も対象にするわけで、そんなものを設立しなきゃ大学を認めないとか、校舎がなければいけないとか、時代錯誤も甚だしい設置基準です。それで、たとえば交通機関で一時間通学する。往復二時間ですよ、それに二〇〇名の学生がいたら、四〇〇時間の社会的損失になっている。速度商品経済が儲かっているだけのこと。その間のシャドウ・ワークのシステムが成立してるだけの話で、教育の形成においてはこれは要するにマイナスなんですよ。だったらネットでやればいい、校舎なんかいらない。こういうひっくり返りが未だに起きてる。直接に学ぶ場所は社会の現場です。

――他方、山本さんの学問人生を振り返ってみると、実際に大人物、イリイチ、吉本隆明、ブルデューに出会ったというのが決定的に大きいように思うのですが。

山本　決定的に大事なことですが、奉るためではない、彼等権威に依存するためでもない、ただ学ぶためにです。海外でいろんな学者に会いましたが、日本と同じ普通の大学人が多い、それは書いた本以上のものを持っていない、本を読めば十分、人物も浅い。しかし、イリイチとかボルタンスキーとか、本を溢れ出す深さを持っている。大人物というより、一流人です。あなたたちが知らない他のたくさんの一流の学者たちと僕は会っています。他方、デリダやボードリヤールなどに会おうとも思わない、僕にはデコンブやドンズロです、アンドリューです。レヴィ＝ストロースではない、アウスティンです、クリステヴァではなくミシェル・ル・ドフさんです、その方がレベルが高い。知らないでしょ？　それほど日本は知の市場が無知なんです。ブルデューよりボルタンスキーです、社会史はシャルチエでした。彼等を日本へ導入しましたけどね。資本主義論は邦訳されましたが、他のものはまったくでしょ、シャルチエも福井憲彦氏と僕とが会ってからでしょ。日本の商業主義出版の怠慢・無能です。ブルデューだって、僕が企画導入しなければ、知られていなかった。ジョン・アーリやポール・ラビノウやスコット・ラッシュです。邦訳書が出る前に僕は会っています、それらは英語版でまとめて刊行した。日本に市場などないですからね。

僕が想定している大学は、自分たちはこの人に会いたい、これを知りたい、それをアレンジしてあげることなんですよ。たとえば、どうしても首相の考えを聞きたいから首相に会いたいっていったら首相と交渉すればいい。そうすると無下に断られるから、どうしてこういう断り方をして、どうしてこうなるかを今度考えればいい。そういう生身の接触は常に基本としてやらなきゃいけない。わざわざ教室に集まって一時間半、つまらない講義を受け身で聴きながらとか、セミナーは僕は無意味だとは思わないけども、そんなことはネットでどんどん交換して、もっと有効な時間を学びの場に使いたいということになる。二四時間ユニバーシティなんですよ。飯を食うときも寝てるときも。このコカコーラ飲んでて、じゃあコカコーラのカンパニーってなんだっていうことを知らないわけだから、これちゃんと調べなさいって話です。

基本はね、「バナキュラーな場所」に立脚してしか、生活は成り立たないということ。だけど、世界と交通をするときに、ネットで処理できる、ウェブで処理できることはいくらでもあるわけでしょ。それをきっかけにしてもう一つ別な具体の場所と接触するとか、というようなことはどんどん実際につくっていくことができる。

だけど、今の情報技術の連中には、この「場所」がどこにもないんですよ。場所がもうサイトという抽象的空間に設定されているだけ。そんな情報は情報として活きない。情報っていうのは生身の自然との諸関係の中で生成されるもの、常に変わっていくものなんです。今やってる連中はデータ交換やっているだけ。データは情報じゃない。

　大事なことは何かって言うと、例えば僕は「資本主義」っていう概念は無効だと思ってる。つまり、商品経済と資本経済との根源的な違いを理解した上でこの共存形態を図らなければいけない。商品経済を否定していた僕が、内田隆三から商品の魅力、そんな無視できないんだって教えてもらって、そこから全面的否定はしてないですけど、商品に全面依存は駄目だけども、商品を活用しながら、同時にそのバナキュラーな形のもの、あるいは資本というものを共存させる経済システムをつくらなきゃいけないことだけははっきりしている。商品集中社会の産業的なものを下部化して、資本・場所を優位に環境経済構成する、それを補助する情報世界です。述語的場所なき情報技術は、必ず破綻します。

三〇〇部と一五〇〇部になんの違いが

――ある時期以降、山本さんはご自身の著作をEHESCからお出しになってます。いくつか読んでみたんですけども、どれも手作り感がする本に仕上がってますね。こういったオルタナティブ出版への決意はどのような経緯で生まれたのでしょうか？

山本　僕はほとんどの出版社と喧嘩しました。ほんと笑っちゃったんだけど、一五〇〇部以上だと出版の商品だって言う。うちは三〇〇から五〇〇部ですよ。なぜかっていうと流通にそれしか乗せられないから、そうすると、それは本じゃないって言うんだよ。自費出版だって言うから。じゃあお前ら一五〇〇と三〇〇の違いをなんだと思ってる。野球場、五万人いるんだぞと、そのスケールから三〇〇人と一五〇〇人、どんな差があるのか。これを出版社の連中はほとんど忘れてる。編集者が食える分が入っているだけの違いです。InDesignで自分だけで製作できる。特に自分たちで偉そうなことをやってると思い込んでる出版社、岩波とか講談社が典型ですが学者がペコペコしている。出版社と僕はほとんど喧嘩してるから、要するに出版界では不届き者です。必ず「わかりやすく易しく書け」と言われるが、そんなものなんの意味もない、ごまかしをしているだけ。わかりやすく易しく書くんだったらお前ら一〇万部俺の本を売ってみなさい、ならやってやりますね。ブルデューも自分の出版社をつくりましたが、学者が自分できちんと研究生産物を生産マネジメントすることです、マネジメントもできない学者はただの不能人です。マネーに責任もてないで社会にコミットできますか？

――吉本さんの『心的現象論本論』もＥＨＥＳＣでお出しになったのですよね？

山本　心的現象論を出したい、うちは大学の偉い先生だとか、名の知れた誰かとかそんなインチキな学者を置きたくない、ほんとの学問をやってる、思想書をやってる吉本さんの本をベースに置きたいと言った。吉本さんが「わかった」っていうのでこの本をくれた。吉本さんは、ハードなものとソフトなものの形で、ソフトなものは糸井重里路線。ハードなものは山本路線で行く、というのをそこで設定されたと思います。吉本さんは要するに、出版社がちゃんとやってないってわかってたから誰にも『心的現象論』を渡さなかったんでしょうね。彼が三〇年かけて書いた本です。三〇年かけて書いた本を印税で一〇％、こんな失礼な話ない。だから、もう最初に、売れる前に可能な限りの印税支払いをした。儲かる必要ないし、元が取れればいい、売れたら印税出しますなんて不遜で無能なやり方は失礼極まりない。大学と商業出版とが、知の文化市場を腐らせている、そこに依存などする必要はまったくない。うちで出す本が高いと言われますが、あなたが着ているジャケットや靴はおいくらですか、ということです。本は安いものだという勘違い、それにアマゾンや流通は三割五分から四割五分も取っていくんですよ、読者たちの市場への無知です。

それを象徴するために豪華本の七万円の本をつくった。これは序論と本論を合体させて、デザインからなにから最高級にして、定価を書かないで、でも希望者は直販で四万五千円ぐらいで売った。五〇部ぐらい出たのかな、それで元が取れた。吉本さんには、だから印税を可能な限り払う。

――山本さんの活動のなかで特徴的なのは理論的な追究と並行して、知の下部構造をいかに確保するか、という問題意識があることですよね。

山本　研究っていうのはちゃんと生産できる条件、研究作業ができる機関と時間、それからそれを可能にする経済的土台、この総体があって初めて研究は成り立つ。実際僕がマネジメントやっていきながら、大学の教師がいかに何も考えてないか身をもってわかりましたが、税金の処理だってできてない、ただ賃労働で給料貰って、それでお勉強してるだけですよ。賃労働でしかも研究費一〇万円もなくて研究できるわけない。吉本さんなんてもう晩年なんか必死で、もう手で書けないわけだから、ひたすら喋って生活費稼いでいた。それをアカデミズムがまさに在野だ、みたいに蔑む。てめえらのほうが無能なんですよ、吉本さんのほうが必死に生きてるわけですよ。僕の場合はもっとそれを経済化するシステムまでつくりあげたが、パリの社会科学高等研究院を模倣したものです。

研究生産というものが企業の側でも喪失している。大学で卒業した知的レベルで行政をやり、企業の運営をやっている、そんなんじゃ世界や現実に通用しませんよっていう形で、僕は資生堂の福原義春会長だとか、富士ゼロックスの小林陽太郎会長が理解されてくださったから、そこと協働して本格的な研究機関システムをつくったわけです。欧米では当たり前のことですけどね。

企業との連携

――山本さんの活動のもう一つの特徴は企業人との連携で雑誌作りなどをしていることだと思います。『季刊iichiko』など代表的ですが、こういったことのきっかけはなんだったのでしょう？

山本　そこらへんの経緯はあまりにプライベートなことで公にしたくないんですけども、最初は大学に就職したころにポーラ文化研究所から消費社会を考えたいという話が来た。「僕は産業社会を批判して、教育も批判して、産業社会経済も批判してるんですけど」って言ったら、「いや、そういうのが必要です」ってポーラの側から言ってきた。その頃僕はまだ、国大協路線での、産学協同反対みたいな姿勢だったから、企業に寄与するのはすごい後ろめたさみたいのがあった。そういうふうに思い込まされてきた。でも消費社会を解明したいっていうのはすごい面白いことだったから「じゃあちょっとお話聞きましょう」とはじめた。つまり、企業従属ではなく、こちらの研究生産が企業活動に生かされることの構成です。そのためには研究費が必要、しかも半端なお金ではできない、研究には資料を買うにも調査するにも、研究生産物をつくるにも、しっかりしたマネーがなくてはならない。科学系では当たり前のことが、文系ではまったくなされていない。大学システムと経済システムとが分離しているのは、大学闘争の時から間違いだと気づいていましたから、その構成ができる機会を探しつくっていった。

フランスの社会科学高等研究院（ＥＨＥＳＳ）を訪れて、ぶったまげた。これ大学じゃない、こんな研究システムがあり得るんだ、と。これをつくろうってもうそこで決意した。歴史学者のロジェ・シャルチエ、我々と同世代なんだけど。彼とトロント大学のイアン・ハッキングを日本に呼んだとき、対談してもらった。ハッキングは「トロント大学ってすごくいいんですよ、大学にも可能性がある」って言うわけ。そうするとシャルチエ、「絶対にない！」とすごい剣幕で否定する。あ、ここまで彼等はやっぱり覚悟を決めて、それでブルデューだとか、ゴドリエだとかそうそうたるメンバーで社会科学高等研究院をつくったのか、しかもその基本資金はロックフェラー財団やフォード財団から出てるんですよ。フランスのお金じゃない。完全にアメリカ帝国主義のお金ですよ。だけどそんなこと彼等はどうでもいい、俺たちが本格的に研究できるっていう形で彼等がつくった。だから僕はそれの日本版をつくるって決意した。

ところが日本の学者ってそんな話は絵空事だと乗らない。気が狂ったかとさえ言われました。自分で一人で理想的な研究生産条件を構成すると一億円はかかる、そこで企業関係を辿り、堤清二さんとかこちらの消費研究に関心を持たれていて、そんな関係から飛島建設の飛島章さんと知り合い、本格的な都市・建築研究を提案し、望み通りの協働研究費がでた。しかし、同時にバブルが弾ける。いくつかの大企業が集まって「東京デザインネットワーク」が動き始める、これも僕の消費産業社会研究が関心を持たれたことで話が来た。他の大学教官もいましたが、僕の仕方は現実に対応していく高度なものですから、まったく違う、そこからまた話が広がり、膨大な総合研究を企業と協力して産出した。仕事はシビアできついですよ。それで僕は研究者をどんどん集めた。それだけのお金があると自由にできるわけです。しかし、固有にこれをやろうってみんなに呼びかけるのにやらない。要するに、僕は早く大学を辞めたかったから、だけどみんな大学にしがみついて、学長だとか総長だとかになっていく。結局大学から離れられない。スイスに学術財団もつくりました、低次元の日本を相手にしないで、世界線で学術活動した。そこから世界の金融の仕組みも見えてきた。

――『季刊 iichiko』の研究ディレクターになられたというのは？

山本　これも場所という概念に関係してくるけど、ポーラでの研究会でデザイナーの河北秀也氏と知り合った、氏がアレンジしてくれたもので、彼なしにはありえないものです。しかも偶然に郷里が同じ、僕の爺さんが小学校の初代校長、そこでつくられていたのが「いいちこ」だった。それでご縁ですねって任された。もう三〇年間、一四〇号ですよ。他の企業雑誌全部潰れてるでしょ。昔、ある大企業と話していたなら、こんな有名な大先生たちに関わってもらっても難しいんだというので、僕ははっきり言いました、このうち誰が本気で社会的生命をかけてやっていますか、僕は命かけて本気でしていますよ、と。頼まれてチャラチャラやっているんではない、近代学問の地盤替えを本気でしていますから、世界の一流の学者たちをネットワークした。

勝手に大学をつくれ

――最後になりましたけど、もし在野の若人にメッセージがあれば。

山本　僕が言いたいのは、既存の大学には一切可能性はない。あなたたちでどんどん別な自由な大学つくりなさいって話。俺たちが全面協力するから。今たとえば非常勤で、非常勤体制の時間が問題になってる。非常勤って全部で何千人といる、みんな一斉に辞めればいい、そうしたら大学全部機能停止ですよ。自分たちで大学つくればいい。自分たちで大学つくる責任もとらないで、持ち時間が潰される、そんな寝ぼけたことを言ってるから駄目なんですよ、そういうふうに不能化させているのが国家資本なんです。その総体構成を何も見ていないで、労働条件の闘争をしている、既存の大学の再生産の枠をまったく出ていない。

資本は人々の能力を活かすものだ。商品は人々の能力を活かすことを要するに殺す、依存関係へ押し込むんですよ、だから、便利さの中で自分では何もしないように不能化するわけ。全部出来上がってるのが商品。だから人間がどんどん依存し不能化していく。この商品をちゃんと資本の動きをバランスをもってつくること、そこへ人間の学ぶ力が新しいシステムをつくれるか、それがまさに研究する力ですよ。その研究生産をしない限り開けない。お勉強じゃ意味ない。だから、在野とか大学とかそんなもん問題じゃなくて、大学もいらない、在野もそんなもんない、〈学ぶ〉ということをちゃんとマネジメント含めて自己責任でやれる〈資本者〉にならないと駄目です。

人ごとだと思わないで。僕が今日このインタビューを受けたのは、あなたたち若い人の動きとしてやるべきだと思っているからです。もう自分たちの研究ができ生活できる状態を自分たちでつくることです。さらに、三カ国語できないと駄目。英語かフランス語でもドイツ語でもなんでもいい、でも二カ国語じゃ駄目。三カ国語あると、言語の限界、それはつまり文化の臨界がちゃんと見えてくる。それからその可能性もわかってくる。要するに、怠けて学問・学術などできない、ごまかしや騙しの仕方を教えている大学・大学人の仕方はまったく意味ない、また原稿料や売れない本の印税などで生活はできないでしょ、自分の生活、それは研究生産の基盤です、それをマネジメントもしないで在野だ大学だでは、時代遅れも甚だしいと思います。学問や研究や知の生産は、非常に重要な「総体」なのです、それをどんどんなせる場所を、自分たちの大学や研究機関を自由につくって、同時に資本経済生産を生み出していくことです。自分たちで企業活動できないのは、論外だと思いますが、大学不能生産の効果に乗っているだけだからです。趣味の学問は自分一人で遊べばいい、しかし、〈研究生産〉は協働ワークです、それを企画プロデューシングし、マネジメントせねばならない。それなしに、大学システムや出版社に依存したままでは、クリエーションは可能にならない。

大学知の劣化はすさまじい。主客分離の近代知のまま情報技術へ結びつけられている。日本の文化資本／文化技術の本質力は、西欧的普遍性をこえていける〈述語制〉の普遍性をもちえています。学問体系の地盤替えをなすことです。気のきいたおしゃべりしていてはだめです。教育システムと経済システムを分離したシステムは一九世紀の遺物でしかない。二〇世紀でそれは終焉した。大学の〈資格〉商品サービス経済は何の意味もない。大学に再活用の機会がありうるなどとしているのは構造的規定制に無知の時代錯誤です。別系の新しい「大学資本経済」をマネジメントし、新たな学術生産を若い人たちが、他人依拠せずに、自分たちでなしていくことです。

第三部

新しいコミュニティと大学の再利用

第一一章
〈思想の管理《マネジメント》〉の部分課題としての研究支援

酒井泰斗

経済思想や政治哲学は、それが正しい場合にも間違っている場合にも、一般に考えられているよりもはるかに強力である。事実、世界を支配するものはそれ以外にはない。自分は現実的であって、どのような思想からも影響を受けていないと信じているものも、いまは亡き学者の奴隷であるのが普通だ。権力の座にあり、天の声を聴くと称する狂人も、それ以前に書かれた学者の悪文から錯乱した経済思想を導き出している。私は、既得権益の力は思想の漸次的な浸透に比べて著しく誇張されていると思う。

ケインズ『雇用、利子および貨幣の一般理論』塩野谷祐一訳、東洋経済新報社、一九八三、三八四頁

一　はじめに

科学技術がそうであるように、思想もまた社会のインフラをなしている。水道や高速道路や発電所が、我々がそれなしでは暮らしていけないものであるとともに大量の人々に危害を及ぼしうるものであるのと同様に、思想もまた不可欠にして危険なものである。なにかを観て把握し、判断して行動するとき、そのすべてには、もはや誰から聞いたのかどこで得たのかも覚えていないような思想が関わっている。損得にもとづいて思想から自由に合理的判断を下そうと努めるときにすら、何が損／得であるのかの把握には思想が効いている。その意味で〈思想の管理《マネジメント》〉という課題に無縁な者は、この世にいない。

本章では、筆者が、こうした発想のもとでここ二〇年ほどにわたっておこなってきた活動のうち、研究の支援活動*1に関するいくつかを記す。思想を更新したり反省的に検討したりする仕事が研究として制度化されているのは確かであるが、しかしその仕事はそこでだけ営まれているわけではない。だから筆者自身は、基本的には「研究とその他」を排他的には区別していないし、研究の支援をおこなう際にも――それを社会における〈思想の管理《マネジメント》〉を担う部分的な営みとして見ているのであり、したがって――もっぱら研究の側だけを見ているわけではない。また筆者は支援対象の所属には頓着しておらず、筆者自身は研究者ではない。以上から、本章と、「在野研究（者）」という本書の主題との重なりは

＊1　筆者が主催・登壇した公開イベントはこちらにまとめてある：http://socio-logic.jp/events/

部分的なものである。この点はあらかじめお断りしておく。

二　支援の契機――本章の結論

どんなものであれそうであるように、支援の場合にも、最も重要なものは偶然である。そして我々がなしうることのほとんどは、我々の思うようにはならない環境要因によって決まる。（a）偶然を取り込み具体的なかたちを与えるためには、それにふさわしい構えが必要である。（b）支援者は支援対象を尊重しなければならないし、支援がどんな具体的なかたちを取るときにもその根拠は支援される側になければならない。それを実現するインフラとなるのは支援される側の事情をよく聴くこと、関与者たちとよく議論することである。そしてまた（c）調査と議論はしかるべき偶然を起こりやすくし、さらに（共同的に）取り組みやすくするためのインフラともなる。別の言い方をすると、折々に生じる偶然をチャンスとして活かすためには、（d）抽象的な課題設定をしたうえで、（e）具体的な制約条件を踏まえるのでなければならない。

これらの契機のうち形式的に記せるのは（a）構えと（d）課題設定だけであり、偶然的なことと具体的なことは「エピソード」としてしか記せない。以下ではそれらを別々に記すが、支援者に必要なのはそのセットなのであり、本章もそのつもりで読んでいただければと思う。

三 モデルと課題

三-一 モデル

支援対象を観る構え（a）について。

支援のためには支援の対象がどのようなものであるのかを知らなければならない。そのためには対象について調べることが必要だが、そのなかで、特に、対象とそれに関わる環境の様々な要素の相互関係について考えるときにはモデルも有用である。以下に筆者が実際に使ってきたモデルを示す。

三-一-一 ゲームの骨格

【規範★】：①新規性を含む、②正しい主張を、③他の人も検討できるような仕方で提示し・防御せよ。

A：自分で問いを立て・自分で答えよ。

B：他人の書いたものを読み・他人に読まれるために書け。

抽象的には、研究活動は【規範★】のもとでおこなわれるゲームである[*2]。しかし契機①②③のどれも事柄の本性によっては決まらないために、その詳細は小規模な研究サーク

＊2 少しでも学界に立ち入ったことがある者な

ルのなかで、自分たち自身で——言い換えると歴史と習慣によって——決められる。そしてもう一段抽象度を下げると、それはA＋Bの組み合わせによって具現・実行される[*3]といえる。

ここに、「研究者は成果物＝業績によって評価され、それに応じてポストが与えられる」という建前が加わる。これらの前提から、いつも必ずというわけではないが、しばしば次のような残念な状況が生じる。「研究会」を例に見てみよう。

三‐一‐二　例：研究会

通常、研究会は成果物の評価をおこなう場である。そしてそれは【規範★】にしたがい、オフェンス／ディフェンスに分かれた討論形式でおこなわれるのが基本である。するとしばしば研究活動を「闘争」や「競争」のアナロジーで捉えてしまう人がでてくる。研究分野や扱う対象によって現れ方は様々だが、たとえば「思考のキレ」が評価される分野では、俗に「物理で殴り合う」「数学で殴り合う」といった言葉で表現されるような事態が生じる（管見の限り、法哲学などもこちらに属するようである）。こうした分野では若手の裁量と活躍の余地が大きくなる蓋然性が高いという特徴もある。他方には、「どれだけの量を見たか・読んだか」で殴り合う分野もある（歴史、思想史、学説研究などがこれに相当する）。こちらでは経験や知識量が重視され、年長者優位のコミュニティになりがちである。

また別の残念な例として、質問やツッコミのやり方の問題がある。研究は知識の産出で

ら誰でも知るように、★に対する逸脱例はいくらでもある。にもかかわらず少なくとも建前としては維持され続けているからこそ、★は「規範」と呼ばれうる。規範に関する社会学的な議論については前田泰樹ほか編『ワードマップ　エスノメソドロジー』（新曜社、二〇〇七）を参照のこと。

＊3　①は先行研究との関係で決まるし、③のために何をどのように引き合いに出してよいかは研究対象の性格やローカルな研究集団のその都度の技術的水準に基づく習慣などに左右される、といった具合である。なお「骨格」の定式化に際しては、ニクラス・ルーマン『社会の科学』（徳安彰訳、法政大学出版局、二〇〇九）を参考にした。

あり、研究者は成果物によって評価されるため、研究者は自分の研究対象に狭く強い関心をもち、また特定論題に関する自分の知識に自負を持ちがちとなる。そこからしばしば生じるのが、もっぱら自分の研究に関わらせた質問――「あなたのこの研究は、私の研究にどう役に立つのですか？」[*4]――や、自分の所持する知識に関係づけたコメント――「私はヨーロッパ某国一八世紀のxについて研究しているのですが、明治期日本に関するこの発表で話題にしたyは某国一八世紀にも似たものがあって、」――などである。

研究会その他におけるマチスモや自己中心的質疑は、おそらくは避けがたいものであり、またまったく役に立たないわけでもない。だから筆者もそれを全否定するつもりはないが、それは研究という営為の本質的な核心などではないはずだ。ならばここで「こうしたものとは異なるタイプの集まりを作るにはどうしたらよいか」という問いを立ててもよいはずだろう（→四‐二）。

三‐二　課題と関心

次に筆者自身の側の課題（d）について。

研究という営みの面白さは、その成果物（の内容）だけではなく、それを産出するやり方にもある。そして、筆者の学生時代からの関心はここ――広い意味での研究方法論――にあった。一般に、論文や著書の読者が入手できるのは研究の成果だけであって、そこから個々の研究者がどのようにして研究を進めたかをうかがうことは難しい。そこで「では

＊4　もちろん実際にはこの形そのままでは登場しないのだが、趣旨を煎じ詰めればこれになるものは非常によく出くわす。研究者たちはしばしば、著名な学術賞の受賞者に対してマスコミがおこなう「この研究はなんの役に立つのですか」といった「レベルの低い」質問を嗤うが、同様の質疑応答は学会や研究会でもいくらでも見受けられる。

どうやったらそこにアクセスできるだろうか」という問いを立てることができる（↓四‐一）。

しかしここにはさらに、対象の側により強く関わる契機もある。研究者たちを少し注意深く眺めてみれば、彼／女たちが、かろうじて捻出したなけなしの時間をつかって眼の前の課題を解くのに精一杯であり、研究に関する基礎的な疑問や悩みについて時間をかけて議論を重ね、コンセンサスを積み上げていくといった機会に乏しいことは外からでもうかがえる。これは彼／女たちが支援を受ける十分な理由になるし、この状況を少しでも緩和できるなら、それは研究に対する小さくない貢献となるはずである。そこで「では、必要なのは（また筆者自身に可能なのは）どのようなことだろうか」という問いを立てることができる（↓四‐一）。

三‐三　最初の帰結

以上は研究のもっとも基礎的な骨格を見たに過ぎないが、あわせると一ステップ抽象水準を下げることができる。

研究者たち自身のゲームは尊重しなければならない（三‐一‐一）。しかし彼／女たちにしばしば見られる、もっぱら知識の所有に目を向け・成果物を属人的なかたちで重視するという、知識との洗練されていない関わり方まで尊重する必要はない（三‐一‐二）。それはゲームのルールからの必然的な帰結ではないからである。そして、この事情を筆者自身の関心（三－二）と重ねるなら、ここに「(個人的ではなく）共同的な営みとしての研究の、(成果物・生産物ではなく）生産過程に定位した、品質向上のための支援」という少しだけ抽象度の低い目標が得られる。実際、筆者がおこなってきた研究支援の半数以上は、この目標のもとにある。

ちなみに、筆者のこのスタンスは、しばしば研究者たちを真っ二つに分断してきた。理解できる人たちはほとんど説明抜きに理解でき、そして多くは喜んで協力してくれる。しかし、いくら説明してもまったく理解できずにいまなお猜疑の眼を向け続けている人たちもいる。なるほど筆者のスタンスはありふれたものではないのかもしれないが、しかしそれほど理解のしにくいものではないはずだし、また類例のないものでもない。似たものとして私が思いつくのは、たとえば、コンサルティング、社会運動*5（特に消費者運動）、オンブズマンなどである。これが理解できないのは、研究というものを、こうした比較を絶したものだと考えているからだろうか。あるいはまた自分たちが支援の対象であり得るという発想がないのだろうか。筆者にはよくわからない。が、これは筆者が考えねばならぬ問題ではないのでおいておこう。

三－四　付：ハードルを下げるためのいくつかの発想

またここからは、支援のハードルを下げる洞察もいくつか得られる。

たとえば、特に研究コミュニティにアクセスしようとする初期段階で「知識の乏しい自

*5　最初に筆者のことを「学術活動家・社会学活動家」と呼んだのは長らく日本のエスノメソドロジー・会話分析研究を牽引してきた社会学者の西阪仰さんである。学術界隈においてこの言葉は必ずしも褒め言葉として使われるものではないが、西阪さんは筆者の活動の狙いを的確に見抜いて肯定的な意味でそう評して

分がその場にいてよいのだろうか」といった不安を覚える人がいるだろう。研究者は知識の所有を重視しがちであるが、彼／女たちが実際にやっていることの方を見てみれば、そこでは知識だけでなく無知・無理解も効いていることがわかる（この点には四‐二‐二でも触れよう）。だからそこではむしろ、「自分の無知はどのように活用できるだろうか」という問いを立てたほうがよい。

たとえば、現在では多くの学術論文はウェブで公開されている。誰かに会いに行くことが決まっているなら、事前に論文を何本か読んで〈読んでわかったこと／わからなかったこと〉をなるべく明確な言葉にまとめておき、機会があれば相手にそれを伝えてみよう。そのとき相手は、「わかったこと」を読解の水準を測るために使い、それに応じて「わからなかったこと」を有用な情報としてみなすはずである（そうした対応をしてくれない研究者もいるが、そういう人とつきあう必要はない）。そのような仕方で、当該研究対象について詳しく知らないことは、相手にとって非常に重要な価値を持ちうるのである。

もちろん知識も重要であり、支援のために当該研究分野について勉強する必要はある。それでも、必要なのはまずは教科書的な知識であり、「最新の知識」ではない。できれば最初に会ったときにその分野の標準的な教科書をいくつか教えてもらい、次に会うときまでには読んでおこう。そうすれば相手はその分だけ楽に話せるようになる。支援者にとって、勉強は支援対象のためにやるべきものだ。そう考えれば知識取得のハードルは大きく下がるだろう。

くれたのだと思う（氏の仕事については、たとえば『分散する身体』（勁草書房、二〇〇八）を参照のこと）。

もう一つ。支援者は自分自身で何か「よいアイディア」を出す必要はない、という発想も重要である。研究者の意向を尊重する意味でも、自分たちの状況を改善するためのアイディアは研究者たち自身に出してもらったほうがよいし、課題の方向を「彼／女たち自身がアイディアを出しやすくするために何ができるか」へと切り替えるだけで支援のハードルは一気に下がる。たとえば、議論の場を設定するためのコミュニケーション・コストを供出したり、要所要所で関与者たちが共通の土俵として使えるような資料（調査結果やこれまでの議論・経緯のまとめなど）を提供したりすることは、それほど難しい仕事ではない。これについては次項で実例を示そう。

さらにもう一つ。支援における個別のイベントを単独のものとしてではなく、他の研究活動との関係のもとで、さらに研究同業者集団外（たとえば教育や新規研究参入者のリクルーティング、学術出版社と読書市場など）との関係のもとで構想することも重要である。これは一見ハードルを上げるように見えるかもしれないが、そうではない。支援者が外からやってきて、「中の人」にならないまま支援を続けることは、「研究が同業者以外からはどう見えているか」という仕方で現状を相対化できることを意味するが、これはこれで重要な観点であるはずである（が、本章ではこの側面については触れることができない）。

四　いくつかの実例

四－一　学術出版のプロデュース

筆者が、以上のような見解を携えて最初に自覚的に研究支援に取り組んだのは学術出版のプロデュースだった。これはとある出版社から「社会学者ニクラス・ルーマンについての単著を書かないか」と打診を受けたことをきっかけにしている。これに対して筆者は、「書籍刊行そのものを目標にするのではなく、むしろ出版を研究活動の促進《プロモーション》と宣伝の手段として使う」という方針のもとで、七年ほどをかけて「エスノメソドロジー*6の論文集」（とそれに付随する二つの書籍）でもって応えたのである。

出発点において筆者は、ＥＭ研究周辺の出版事情（の問題）に関する筆者自身の仮説と出版企画によるその打開という意向を携えて各種研究コミュニティに入っていき、中の人自身はその点についてどう考えているのかをインタビューするところから始めた。そして初発のこの意向に賛同してくれる研究者たちが多かったため、すぐに研究者たち自身の手を借りて、次いでまた複数の学術出版社の協力も得て、研究コミュニティの実情と出版事情に関する調査をおこなうことになった。調べて作成したのは「国内のどこにどんな研究をおこなっている研究者がいるか」とか「各地域にどのような規模、方向性を持つ研究コミュニティがあるか」とか「どの出版社でどのような企画が動いているか。過去に頓挫し

＊6　エスノメソドロジー（ＥＭ）は社会学の学派の一つ。詳しくは前掲『ワードマップ　エスノメソドロジー』を参照のこと。ここで筆者がＥＭを選択した理由については酒井ほか編『概念分析の社会学2』（ナカニシヤ出版、二〇一六）の「おわりに」に記してある。

たものがあるか」といった何の変哲もないリストである。非公式な情報も含まれるが、基本的には公開されたものがほとんどである。しかしこれによって、出発点にあった一つの出版企画は、三つの企画に化けた。

◉ドクター～オーバードクターを中心とし、月に一度以上の頻度で研究方法論を含むインテンシブな議論をおこなっている非公開の研究会があることが判明。他方、教科書出版の意向がある出版社があることも判明。
↓出版社は単独著者を望んでいたが、共著出版のマネジメントを筆者が引き受け、インテンシブな出版研究会にもとづきコンセンサスをまとめるかたちでの共著出版企画に切り替えるよう説得。
↓『ワードマップ　エスノメソドロジー』（新曜社）として二〇〇七年に刊行。

◉出版企画に関する調査により、複数の出版社との交渉がうまくいかずにお蔵入りになっている翻訳草稿があることが判明。
↓筆者による出版社への長期にわたる働きかけの末、マイケル・リンチ『エスノメソドロジーと科学実践の社会学』（勁草書房）として二〇一二年に刊行。

◉院生時代にいっしょに研究会をやっていたが就職などにより各地に散らばっていた

中堅研究者のグループがあることが判明。
→彼／女たちを論文集企画の執筆陣の中核に設定し、共著出版のマネジメントを筆者が引き受け、数年をかけて基本文献の再検討を含めた基本的な論点を議論したうえで論文集として刊行するよう出版社を説得。
→『概念分析の社会学』（ナカニシヤ出版）として二〇〇九年に刊行。

そしてまたこれらを進めると同時に、「刊行そのものを目的としない」というもともとの基本方針にもとづいて、出版前・出版後の公開合評会で他分野の研究者から意見をもらったり、刊行後にブックフェアを開催したりして研究水準の向上と分野の周知《プロモーション》にも努めた。これらの動きのどれも、筆者が独りで案出したわけではない（たとえば「教科書・論文集・翻訳」のセットで作業を進めるアイディアをくれたのは編集者である）。調査にもとづいて、その資料を見ながら、今後五年・一〇年の研究状況を見据えたうえで、実情にふさわしい企画を研究者・編集者たちと話し合うなかで落ち着くべきところに落ち着いたものである。

四-二　研究の品質管理のための研究会運営

三-一-二に記した研究会の残念な形態は、研究会というものが主要には成果報告の場であるところからも生じている。これを踏まえ、それとは別のスタイルを開発するために設置した二つのタイプの研究会を簡単に紹介しよう。これらは〈研究会における検討の焦点を「成果物」から「生産過程」に移したうえで、さらに特定の制約をかけてやる〉という抽象的には同じアイディアのバリエーションである。

四-二-一　例一：学位論文構想検討会──時間的な制約をかける

学位論文の構想検討会は、定期的に論文執筆準備作業の進捗報告をおこない、進捗過程に対するアドバイスを得ることで、研究水準の上昇を直接に狙ったものである。ある分野の研究水準を上げる最短ルートの一つは、当該分野の博論の水準を上げることだろうから、これはその意味でも重要な会だといえる。──これが会の表向きの設置趣旨である。

しかしその裏には隠れた（?）カリキュラムがある。この会の参加者は締切（と教育）という明確な制約を意識せざるを得ない。それによって研究会における質問やコメントが、報告者の事情を強く考慮したものに変わるのである。それが発言のあり方を反省する契機となるために、経験上、これには年長者を含む全参加者に対するかなり高い教育効果がある。

より詳しく言えば、ここで研究者たちは三つに分かれる。（ｉ）制約に気づかない人・気にしない人、（ii）制約を設ける理由と効果にすぐ気がつき自分でも活用し始める人、（iii）制約を嫌って研究会に来なくなる人である。ほとんどの研究者は（ii）に入り、少数の（iii）が生じる。（ｉ）は根絶できないが、参加者たちが制約を考慮するよう要求することができるようになるため、（ｉ）の攪乱を受けにくくなる。結果として研究会の雰雰囲気は大きく変わり、会を重ねればシニア参加者たちの質問・コメント・議論のスキルも上がっていく。

四-二-二　例二：データセッション——事象的な制約をかける

二番目の例は、資料断片を持ち寄っておこなう研究会である。各資料は当然ながら、最終的には論文等のなかで使用することが目指されているものだが、セッションにおいては、いったんはそれを脇において、提供された（多くの場合、自分がよくは知らない）資料を、共同で虚心坦懐に観て、「その資料から想像を交えずに言えることは何か」に焦点を絞った議論をおこなう。

「発言を目の前の資料に関係づけよ」というたったそれだけの制約をかけてやるだけで、想像力の無駄な羽ばたきや、「もっぱら自分の研究関心に照らして物を見る」というオートマティックな習慣は抑制され、三-一-二に記したような発言はできなくなる。これもまた前項と同様に、しかし違った方向で、発言のあり方を反省する契機となるわけである。

ここでセッションの学術的意義と面白さについて詳しく述べることができないのが残念だが、一つだけ、その最初の意義を記そう。このスタイルの研究会では、研究が〈知／無知〉・〈理解／誤解〉の双方を用いて進められることが顕在化する。論文に使われる資料には、〈その資料に詳しくなくてもわかること／詳しくないとわからないこと・誤解すること〉の双方が含まれていなければならない。一般に「論文を書く」とは、前者を足がかりにし

❖ 本稿は下記二報告の一部を大幅に改稿したものである。
・酒井泰斗「研究経営における学術出版——

て後者について検討・解説し、読む前と後で読者の知識状態を変更しようとする営みだからである。そしてデータセッションはこの区別を明確化することができる。だから、論文の著者が或る資料を用いて何ができ・何をすべきかも明確にすることができるわけである。

五　おわりに

いかにして支援は可能か。どこでどのように支援すべきか。それはどちらも、よく聴き・調べ・議論することによって決まる。それが本章の要旨である。この洞察はいかにもトリヴィアルだが、支援をおこなうにはそれで十分である。複雑な行動を取るために、複雑な方針を設定する必要はない。

本章に記した個々の具体的なアイディアや事例は環境要因に大きく依存しており、特に筆者の活動の中心が東京にあることで可能になっていることは多い。だからそれらは地方在住者には直接には参考にならないかもしれない。しかしそれはたいしたことではない。どこにいるのであれ、それぞれの環境に適った仕方で活動すればよいだけだから。

ひとつの事例報告」科学技術と社会の会 例会一八九、二〇一四年六月三〇日、東京大学
・酒井泰斗「研究経営における学術出版――ひとつの事例報告（2）」名古屋哲学フォーラム二〇一八冬「脱「おひとりさま哲学」、始めました。――『信頼を考える』プロジェクトをめぐって」二〇一八年一二月二三日、南山大学

執筆にあたって、両研究会参加者の皆さん（特に名古屋哲学フォーラムの登壇者である小山虎さんと朱喜哲さん）、また本論文集執筆者有志を中心とする「『独立系研究者のハンドブック』原稿執筆準備作業進捗報告互助会」参加者の皆さんとの議論を大いに参考にさせていただいた。記して御礼申し上げます。

第一二章
彷徨うコレクティヴ

逆巻しとね

二〇一七年の暮れのことだ。人もまばらな地下鉄の車内、時刻は二一時すぎぐらいだっただろうか。隣に座っているフランス哲学者、藤田尚志さんとは初対面だ。僕は「今、性について論じるとしたらどういう感じになりますか?」と切り出す。間髪入れずに藤田さんは、マルクスの物象化から最近流行のオブジェクト系の哲学まで駆け抜けたうえで、「人間をモノ扱いするのが悪いんじゃなくて、モノを大切に扱わないのがダメなんじゃないの(大意)」と熱く語る。ほどなく目的の駅に到着して車両の扉が開いて、僕らは二次会へ向かう。僕は心ここにあらず。これは、僕が世話人を務めている市民参加型/異分野遭遇学術イベント「文芸共和国の会」で、一年後に、ジェンダー/セクシュアリティ系シンポを開催するための第一歩だ。

　二〇一八年一月五日、藤田さんから年賀メールが届く。僕はすかさず長文のメールをしたためる。地下鉄車内で話した内容、「性とモノ」というテーマと意義、登壇候補者一〇人の名前を並べる。もう後には引き返せない。

　後日、藤田さんから本が届く。藤田尚志「現代社会における愛・性・家族のゆくえ――ドゥルーズの『分人』概念から出発して」（岩野卓司編『共にあることの哲学と現実――家族・社会・文学・政治（フランス現代思想が問う〈共同体の危険と希望〉2　実践・状況編）』書肆心水、二〇一七、三九－八三頁）。ありがたく拝読する。「共同体の最小単位としての個人（individual）を批判的に再検討することを通じて、家族、そして婚姻関係のありかたを問い直す。結婚の形而上学の脱構築」と要約したうえで、小さな注文と問題提起をする。

　始まりはいつも行き当たりばったり、何気ない一言が事態を動かす。あとは慣性と膂《りょ》力の問題だ。「性とモノ」という連想から、連作《ラブドールは胎児の夢を見るか？》を発表しているアーティスト菅実花さんに声をかけ、次いでラブドールを表象文化論／社会学の立場から研究をしている関根麻里恵さんと、生物学の見地から現代思想を斬新に読み替える思想家ダナ・ハラウェイのテクストを通じて、モノ・人間・動物の関係とフェミニズムの研究をしている猪口智広さんを巻きこんだ。みんな忙しいから日程調整は難航したし、お金のことだってある。大学院生を呼ぶときには、最低限交通費・宿泊費はどうにかしたい。だから鹿児島大学の太田純貴さんに予算申請の検討をお願いした。

思い出した。実のところ、始まりは藤田さんとの出会いよりもっと前だった。二〇一七年九月某日、大きな台風が福岡を直撃したあの日だった。九鬼周造と恋愛の哲学を専門としている宮野真生子さん、一九世紀末イギリスの小説家トマス・ハーディを研究している石井有希子さん、そして時間とメディアについて領域横断的に研究している太田純貴さんに登壇をお願いして、文芸共和国の会初のシンポを敢行した。巨大台風の直撃により殺伐とした天気で都市機能はほぼマヒ状態。けれども会場が入っている商業ビル、天神イムズは台風直撃などどこ吹く風、通常営業という謎の英断を下す。だから僕らも蛮勇を振るいシンポを強行した。よく知っている人から全然知らない人まで、老若男女、幅広い参加者で部屋は溢れかえった。台風一過の凪《な》いだ夜の宴席で、僕はひとりの元学生の話を聞く。鹿児島の会社では、女性の社員にお茶くみを強いるのだという。宮崎出身の僕からしてみれば想定の範囲内ではあるのだけど、ここでほろ酔いの勢いがついたのは間違いない。その場で近い将来、鹿児島でジェンダー／セクシュアリティ系のシンポをやる、と約束し、しり込みする太田さんに迫ったのだった。成り行きと行きずりの力は怖い。

しかし、それが始まりだったのかどうかはとうとうわからない。多くの協力者の力を借りてようやく開催にこぎつけた鹿児島のシンポが終わりだったというわけでもない。僕はいつも始めなおしてばかりいる。毎回異なるテーマ、異なる登壇者、異なる会場、異なる参加者、異なる懇親会。旧知の名誉教授から、継続性こそが研究の命なのだから、積み上げや成果物がなければ学会は続かない、と苦言を呈されたこともある。事実、文芸共和国の会は学会ではない。継続性以前に、会員がいないのだから。

学会ならすでにたくさんある。二桁の学会に入っている人もいるくらい、学会は入ろうと思えばいくらでもある（科研費の共同研究や有志を集めた研究会もある）。どれもこれも組織があって、責任者がいて、世話役がいて、会則があって、会費納入の義務と学会誌投稿の権利がある。物故者の離脱や期待の若手の参入という新陳代謝はあるだろう。しかし幽霊会員を除けば、概ね毎回同じ顔触れだ。学会は、ある特定の分野の研究者の相互互助を図る、建設的な組織なのだから当然だ。

僕の活動は、右のような association や society と呼ばれる学術的組織、それから講師／聴衆という関係が固定したカルチャースクールのような講座や小集団で行われる読書会・哲学カフェの他には学術的な集いの場がない、地方の現状に対する不満に発している。特に、学会／研究会とそれ以外の催しものとのあいだのギャップはあまりにも大きい。前者は概ね学者で占められ、後者は学者が「一般市民」を相手に講義をする、ないしは学者が「一般市民」の議論を統括するという構図になる。僕が不満を持ったのは、学者で占められた学会の形式と、学者と「一般市民」とを分ける棲み分けの制度だ。

まずはあくまでも僕の経験則にしたがって、学会のあり方から考えてみよう。各発表後に行われる質疑応答では、発表者が若ければ口頭試問か異端審問のような様相を呈することもあるし、ときには発表者が提出した問いをまったく引き受けることなく老教授が持論を展開し始めることもある。発表者が斯界《しかい》で有名な御仁であろうものなら、質問者は従順な飼い犬のようにご機嫌とりに徹するような場面も多々ある。懇親会では有名な学者の周りを烏合《うごう》が取り巻き、とるに足らない社交が各所で勃発する。会費六〇〇〇円也。このような光景を僕は飽きるほど見てきた。ひとりひとりはとても素晴らしい学者だというのは断っておかなければならない。組織になると余計な同調圧力が働くのだろう。もちろんこれは田舎者の単なる不適応の問題なのかもしれないし、全体的には次第に改善に向かっているように思う。それでも僕のような在野の人間にとって、適応はなかなか難しい。

同調圧力が排他性と背中合わせであることを痛感した経験がある。三年ほど前に、某学会で発表したときのことだった。発表が始まる前、司会者は発表内容がさっぱりわからない、と告白してくれた。よくあることだ。その司会者が積み上げてきたものを根底から突き崩して、僕自身まだ答えが出ていない問いを提示するつもりでいたのだから仕方がない。それはいい。しかしいざ開始時刻になると、その司会者は僕を簡単に紹介したのち、(「逆巻しとね」という名前は）本名ではないらしいですよ、皆さん安心しましたね、となぜか僕の名前をいじり始め、挙句、日本では聞いたことがないかもしれませんが欧米には独立研究者が多くいる、だからどうか仲間に入れてあげてください、とおよそ五〇人の聴衆の前で軽く頭を垂れた。在野の研究者が日本では珍しいというのは本当だろう。ある懇親会の受付で所属を聞かれたときに「独立研究者です」と申告したら、二、三度訊き直された挙句、名簿の所属欄に「独立研究所」と書きこまれていたこともあるくらいだ。在野の人間が学会にやってくることに対する物珍しさについては慣れっこだ。しかし、この期に及んでこの学会の仲間に入れてもらう気は毛頭なかった。当該の学会に入会してすでに一年以上が経過していたからだ。院生でも教員でもない人間は会員になるだけではもの足りず、わざわざ仲間に入れてもらえるよう乞わなければならないらしい。きっとあれが、折り目正しいリベラルなアカデミシャンのノブレス・オブリージュというやつなのだろう。

分野によって多少の差はあるとしても、在野の人間はアカデミアで腫れ物のように扱われることが多い。在野という身分は、正規のルートを進んでいる人にとっては、がんばったのに研究教育機関に就職できなかったかわいそうな存在か、ろくに論文も書けない胡乱《うろん》な輩に映るようだ（因みにもう内容は忘れてしまったけれども、僕は博士課程在学中に査読論文を四本書いてすべてアクセプトされている。そのうち一本は某業界の全国誌に掲載されているし、シンポジウム登壇の経験もあるのだから、ズブの素人ではないと自分では思う）。

「絶えず始めなおす」という僕の信念を支えるのは、アカデミアが研究機関に所属していない研究者を勘定に入れていないというだけではなく、研究者を自認していない人たちの参加を疎んじたり、立場の不安定な研究者を周縁化したりする傾向があるからでもある。もちろんクローズドの研究会の場合は別だ。すでにある程度の共通理解のある仲間が遠慮なく甲論乙駁を交わし、議論を深めていく場は尊い。翻訳や論集上梓を目的とした研究会であれば、なおさらクローズドであることそれ自体に価値はある。そのような会の場合、告知の必要すらない。

しかしここで問題にしたいのは、形式的には広く告知をし、多様な参加者を募るオープンな会でありながら、実質的には異物を排除する傾向を持つクローズドの学会や研究会である。学会の敷居を上げようとする人たちは、とりわけ質疑の時間に、よく事情の分かっていない門外漢の的外れな質問で場を荒らされることを懸念している。質疑の際に名前と所属を求めるのは典型であり、その会に参加した経験のあまりない「一般市民」はおろか、専業非常勤講師や所属のないことに劣等感を抱く者が質疑に参加することを想定していない。所属がない者は、暗にオブザーバーとしての（あるいは来場者数のエビデンスづくりに貢献するための）参加しか許されていないように感じるだろう。議論を混乱させないために、匿名での発言を排除することが安全装置として働く、という反論は当然想定される。では、なんのために司会者は存在するのか。質問者を指名することだけが司会の任務なのか。長すぎる質問、自分語り、発表内容と関係のない発言を制御するのは司会の役割だ。責は質疑の際に不規則発言をする質問者にあるのではなく、司会に場をコントロールする権限を与えない会の不備にある。

でも、僕が考える会のオープンさはもっと別の次元にある。これは学者と「一般市民」、書き手と読者、発信者と受信者とをはっきりと分けてしまう、アカデミアと出版の制度に内在するもっと根源的な問いだ。僕は、オープンな場で、整合性のある建設的で深い議論が展開されることを期待すること自体間違っているように思う。アカデミシャンは論文で展開されているような論理の正しさや未知の情報の獲得に、対面の場においてもこだわる傾向にある。そのような「ためになる」、「役に立つ」ことは、論文を読めば得られるし、それを目的とするのであればメーリングリストでもつくって内輪だけで完結するクローズドの研究会をやればよい。なんならSkypeやGoogle Hangoutsを使ってもいい。わざわざオープンな場で異物と対面する必要もない。

僕が考えるオープンな会とは、議論の混乱そのものを直接経験する場だ。文芸共和国の会では、プレゼン三時間とは別に三時間の対話の時間が設けられている。この対話で経験するのは、意思疎通の難しさや戸惑いである。自分とは異なる分野に属する、それぞれ特殊な職業、生い立ち、偏見、嗜好をもつ、正体不明の誰かとの対話は、建設的な議論とは無縁の混沌と言ってもいい。僕は「場をコントロールすべき司会」の任を放棄する。名前も所属も聞かない。こうすると、プレゼンをする「学者」がいる壇上とそれに耳を傾ける「聴衆」がいるフロアのあいだに、混沌を共有する対話の場が立ち上がる。僕はこの混沌を決して制御しないよう心がけている。なぜなら、各々の関心のずれ、言葉遣いのすれ違い、経験、地位、その他の雑然さに由来する、目指すべきゴールをなにひとつもたないその場限りの集合体だからこそ、この混沌は味わえるものだからだ。「得るものがなにもない会だった」という意見をもらったこともある。それは意見した人物の意図とは裏腹に、的確な賞賛だと思う。成長の糧など、文芸共和国の会では誰も与えてはくれない。なにかを与えるのは少なくとも僕の役割ではない。僕は参加者のひとりに過ぎない。そしてテレコミュニケーションを介さず、そのカオスを直接対面の場で体感することは、生きていくうえで欠かせないことだと考えている。

アカデミアが僕の居場所だと言い切ることにはためらいがある。かといって、家のなかが僕の居場所だと言い張るほど僕の面の皮は厚くない。ならば、別の居場所をつくればいい。僕だけではなく、誰でも参加できて、見知らぬ人と出会い、気に入ればつながることができる場所をつくる。あるいは有象無象が気軽に集まるトポスに僕自身がなればいい。固定メンバーが集まり続ける集団に閉じることなく、知り合いがいなくても気軽に参加できる、何度でも一から始めなおすイベント＝出来事を出来させ続ければいい。今なおコンセプトを微修正しながら彷徨を続ける文芸共和国の会は、このような意味においてひとつの居場所足りうるだろう。けれどもこの場は、立ち上げられるやいなや六時間後には消えてしまう。登壇者を含めたすべての参加者の組み合わせは二度と再現できない。だからこの場は尊い。学術の場であると同時に世間でもあるようなよくわからないこの場所は、大学や学会ではないし、かといって世間話をする井戸端でもない。教えるものと教えられるものとが分断されない、みんなが手探りで藁をつかむために束の間立ち上がる場でこそ、独りでは不可能な学びは体験できるのではないか。

同じような関心をもつ、同質的な集団にばかり身を置いていると、いつの間にかセグメントの間仕切りを堅固な防壁に固めてしまう。本来、社会や世間なる架空の共同体はひとつのゴールなど共有していない。共通理解や共通言語、共通の関心があると想定すること自体誤っている。社会や世間という机上の概念は、あくまでもそういうものがあるとして考えてみるといろいろと説明がしやすくなるという程度の構成概念に過ぎない。そんなものは実在しない。けれども、それでは日々生きていくのはしんどい。だからどこかに口を開けているカオスの深淵を一旦カッコに入れてやり過ごすために、もろもろの便利な構成概念は生まれる。緩衝材は必要だ。日常はそれでいい。

大学やアカデミアも世間と似ている。高度に専門分化が進んだ状況のなかで、隣の研究室の研究内容さえまともに把握できていない学者は多い。専門を同じくする者どうしの対話でも、言語化困難なものに向かっているはずの専門用語が、本当はまだ整序できていないものを隠しておくための紋切り型として働いてしまっていることは多々ある。学者の世界もまた、相互理解を欠いたもうひとつの世間に他ならない。

大学は国家からの干渉を跳ね除け教育と研究の自由を守る砦である、という理念にしがみつき、文科省や財務省を向こうにまわして、大学の聖域化と大学人の連帯を説く大学論が隆盛を極めている。だがそのような抵抗など、大学が「一般社会」と変わらない状況に置かれているこの現実の前では無力だろう。大学人どうしで、アカデミアの内輪でいくら抗議の声を挙げてみたところで、時代錯誤の知識人を慰める符牒にしかならない。それどころか撤退戦の美を愛でる精神が、大学やアカデミアの外に対し排他的に働いて自らの立場を孤塁へと囲ってしまいかねない。学びは権利上、大学やアカデミアだけではなく、そこに属さないすべての人のためにある。大学に浸透している企業の論理、ひいては新自由主義と呼ばれる社会的つながりの解体や公的領域の縮小傾向に批判の声を挙げるのなら、これを国家の政策論に矮小化するのではなく、同じような苦しみにある人たちと協働研究の道を切り開いたほうがいい。そのほうがはるかに現実的だ。僕たちは互いにほとんど理解しえない複数世界に住まっているという現実に向き合い、学術と享楽を分かち合う必要がある。カオスのなかから、決して閉じないコレクティヴによる学びの軌跡を生成させる。社会は適応する対象でもなければ、変えるものではない。既存の社会などない。それは身の回りの素材を集めて予めわかりあえる保証のない誰かやなにかと一緒につくっていくものだ。

最後に僕の学びの軌跡について記しておこう。というのも、以上のようなオープンな学びの場をつくり続ける実践は僕自身の学びの経験そのものだからだ。今まで出会った人、本、場所、イベントなどあらゆるものが、僕というひとつの個体を絶え間なく形成している。僕自身、閉じてはならないと思ってはいるけれども、実はとても頭でっかちの人間で、人と会うのもどちらかと言えば苦手で、できることなら人前で喋ることは避けたいと思っている。大学に就職しなかった（あるいはできなかった）最大の理由は、人にものを教えることへの強い忌避感と博士論文執筆段階で見舞われた研究対象への関心の枯渇だった。要するに職業研究者としての力も資質も欠いていたわけだ。だから大学院を退学した。あまりの徒労にしばらく病んだ。本が読めなくなるのは辛い。文字が風に舞う砂礫《されき》のように視界を移ろうようになり、なにを読んでもほとんど意味が分からなくなった（今でも細かい字を読むのは少し怖い）。しかしパートナーは静かに見守ってくれたから、通院をするうちにしばらくして症状が改善に向かうと、本を読める幸せを噛み締めることができるようになった。それまで専門にしていた英米文学とはできるだけ無関係なものを読んだ。国内外のミステリー小説、ダンテ『神曲』、ボッカッチョ『デカメロン』、中世の騎士道物語、セルバンテス『ドン・キホーテ』、ル・クレジオ、デカダンの文学……。人類学も哲学も音楽研究も読んだ。印象派ぐらいまでの美術史や美学、建築学も一から学んだ。人文系はだいたい片足を突っ込んだ。

そのうち退屈して、本名のアナグラムでつくった名前で、ツイッターを始めた。僕にとって久しぶりの社会だった。いろんな研究者が学術的におもしろいことを呟いていた。だから僕も読んでいる本について呟くことにした。そのうち、それでも世界が狭く感じるようになって、学会や研究会に出かけるようになった。最初のころは、会場には到達できずに近くの宿に籠り、せいぜいちょっと知り合いと喋ることしかできなかった（パニック障害のせいだ）。それでも何年か繰り返しているうちに、発表一本、シンポひとつ、一日通しで参加、という具合に、硬直していた僕の可動域は広がっていった。やがて自ら研究発表をするようになった。孤立から世界の拡張と再編にまで至った経験の蓄積とたくさんの人の支えが文芸共和国の会の活動につながった。今では生物学や工学、現代アート、僕が住んでいる地域の炭坑文化も射程に入っている。これは僕が単独で為したことではない。たくさんの人たちに出会い、本棚からはみ出してリビングを埋め尽くすほどの本に圧迫されているせいだ。僕の存在の基底には穴が開いている。僕はなにかを独創するタイプの人間ではなく、僕よりもユニークな思考や経験を収容する、伸縮自在の容れ物だ。中では絶えず化学反応が起きている。

本を読めることは幸せだ。それだけでいい。けれども少しの元気があれば、その幸せを人と共有してみるといい。誰しも本を完璧に読むことはできないし、他人のことを満足に理解することはできない。だから誰もが部分的な理解を持ち寄る、よりオープンな学びの世界に飛び込む意義はある。苦しいときは引きこもればいい。けれども本当に楽しいことは外にある。学びは決してひとりではできない。自分が考えていることは、時代や地域の隔てを越えて、いろんな人が考えてきたことのどこかに位置している。それだけではない。僕自身、単独の存在ではない。僕のなかにはたくさんの人や本、声、葛藤が渦巻いていて、僕の外にも同じぐらい多様な思考や意見が転がっている。この混沌とした僕は、未だうまくわかりあえない世間やアカデミアの「わたしたち」と同じように存在している。境界のあやふやな、オープンな出会いのコレクティヴを志向するのは、僕自身がそのような有象無象のコレクティヴとして絶えず組みかえられ、予期できない変形を続けているからだ。少しも高尚なことではない。これは失敗の繰り返しだ。

アカデミアがすべてではないし、学びの全体ではない。それどころか僕たちはまだ世界の全貌を知らない。一生知ることはないだろう。だから不完全な「わたしたち」が未知のものと出会い続ける営みはどのような身分であれ正当化される。なにかおもしろいことが生まれる可能性はアカデミアのなかにもあるだろうけど、在野や世間にだって同じぐらいある。その区別も今となってはどうでもいい。僕はどっちにも存在している。学びはどこでもできる。何度でも始めなおせばいい。僕は楽しいからそうする。

第一三章　地域おこしと人文学研究

石井雅巳

願わくはこれを語りて平地人を戦慄せしめよ。
柳田國男『遠野物語』

一　はじめに

筆者は、二〇一六年三月に大学院修士課程を修了したのち、同年の四月から二〇一八年八月まで地域おこし協力隊として島根県津和野町役場にて勤務し、同地出身で幕末から明治にかけて活躍した思想家である西周（にし・あまね：一八二九－一八九七）にかんする研究事業に従事してきた。本章では、そんな筆者が取り組んできた実践を紹介しつつ、地方での在野研究の可能性を考えたい。

この章はまた、地方に移住し、研究を仕事の一部に組み込もうと試みた二年半にわたる活動のドキュメントでもある。津和野という土地や西周という研究対象ならではの事柄も多く、事例としては特殊なものであるかもしれない。しかし、諸制度の活用法や研究者コミュニティの構築については、かなりの程度応用可能であると思われる。そこで、筆者による実践の紹介を通じて、地方だからこそできる学問への携わり方や研究の続け方のヒントを提供することにも試みたい。

二　地方移住と西周の「発見」

筆者はもともと博士課程に進学する予定であったが、恥ずかしながら、修士課程の終わりが近づくにつれて、将来への不安や準備していた修士論文に行き詰まりを感じ、精神的に不安定な状態となっていった。それからというもの、哲学研究に以前ほどの情熱をもてず、博士課程への進学試験には不合格となった。とにかく大学（ないしは知り合いのいる首都圏）から一度離れて、冷静に自分の将来を考え直したいと思った。そこで、既に津和野に移住していた大学時代からの友人を頼り、ギリギリのタイミングで津和野町役場に地域おこし協力隊として採用してもらった。

地域おこし協力隊は、地方自治体が都市部からの移住者を積極的に受け入れることを後押しするべく総務省によって制度化されたもので、採用された移住者は自治体の委嘱職員として、正確に言えば上限三年という任期付きの準公務員として働くことができる。また、協力隊の雇用にかかわる諸経費は国が負担してくれるため、自治体側も思い切って移住者を抱えることができる仕組みになっている。

筆者の当初の任務は、町営塾の運営スタッフとして町内の中高生に勉強を教えるというものだった。津和野は山陰の山々に囲まれた盆地に位置し、人口は約七六〇〇人ほどの小さな町である。いわゆる過疎化は深刻な問題となっており、町には塾や予備校もない。そのため、役場が自ら塾を設立し、そのスタッフの一部を地域おこし協力隊が担っていた。本屋や予備校がない中山間地域の学習機会の格差は気になる問題であったし、学生時代に塾講師のアルバイト経験もあり、自分にもできることがあるだろうとの思いもあったため、職務に不満はなかった。

筆者は赴任するまで津和野を訪れたこともなかったが、調べてみると、かの森鷗外や西周の故郷ということが分かり、不思議な縁を感じた。採用面接の際に町長から「哲学を研究していたなら、ぜひ西周についても何か町のためになることにチャレンジしてみてください」と提案していただいたこともあり、移住一年目から少しずつ西周を読み始めるようになった。その面白さや語られていることの切実さに衝撃を受け、本来の業務を疎かにしないという約束のもと、塾での業務の傍ら、「西周顕彰事業」と銘打って西周の研究とそれをテーマにした町おこしプロジェクトを始動させた。その後、様々な方の応援や協力もあり、西周にかんする事業の規模が大きくなったため、二年目以降は塾での勤務をやめて、西周顕彰事業のみに注力して活動を続けることになった。

筆者が津和野へと移住し、さらには当地で西周顕彰事業を実施できた背景には、現在の日本が直面している二つの「危機」があるのかもしれない。それは大学の危機と地方の危機だ。筆者の精神が苛まれた原因（の一つ）やその後のキャリア形成には、大学の暗い現状と未来が横たわっており、他方で地域おこし協力隊が存在し、西周顕彰事業が許容されたのは、国レベルでの地域振興の盛り上がりがあったからである。

ここ二〇年ほどの間で、大学院重点化、運営交付金から競争的資金への転換、地域貢献への要請など、一連の「大学改革」が急速に進められ、大学のあり方は大きく変わりつつある。しかしながら、その過程で、研究以外の業務量の増加や若手研究者の貧困など様々な問題が生じていることも指摘されている。他方で、「地方創生」は国の重要課題となっており、その動きは地方自治体を超えて、大学も巻き込みながら活発化している。大学改革と地方創生のいずれも、政策として見れば、少子高齢化や人口の都市部への流出といった長年の課題に対処するものであろう。そしてこの二つの「危機」は、〈地方の危機に対して、国公立大学およびその研究者は貢献せよ〉というスローガンのもとで合流することになる。

市場原理に適応しにくい人文社会系の基礎研究は、今後より深刻な状況に置かれることが予想される。学会等が広域的に団結して、高等教育機関への公的支出の増額を求めることも重要ではあるが、それと同時に、大学院修了者がその専門的知見を活かすことのできるような、アカデミック・ポスト以外の新しいキャリアを開発することや、ともに危機が叫ばれる地方と大学との間に互恵的な関係を構築することは急務だろう。

三　研究事業のつくり方

西周顕彰事業は、いま述べた情況のもと、地域側の需要を探り当て、大学研究者が自らの強みを発揮しながら地域社会に参与できる仕組みづくりを目指して設計された。町と大学（ないし研究者）は双方それぞれの課題を抱えており、筆者が両者を結ぶ「中間者」や「翻訳者」となることで、両者の課題をコラボレーションの好機と捉え、アカデミアと地方自治体の互恵的関係の構築に挑戦できると考えたからだ。また、筆者個人のキャリア形成の観点から見ても、大学教員と地域との間の媒介として働くことは、専門的な知見をある程度有し、学術研究に多少は従事してきたからこそできる役割であり、その職務には、アカデミック・ポストとは別の仕方で、研究を続けることができる可能性を秘めているように思えた。

両者が抱えていた課題とは以下のようなものであった。町の側では、地元が輩出した偉人である西周を住民啓発や観光、教育などの分野で活用したいものの、資金難や専門知識をもつ人材が乏しいこともあり、有効な打開策を見つけられずにいた。他方で、地元の島根県立大学は、これまで北東アジアの地域研究を推進し、「西周研究会」における継続的な研究も行ってきたものの、全学的に地方創生へと舵を切っていくなかで、研究者だからこそできる地域貢献の在り方を模索していた。また、分野としての西周研究にかんして言えば、研究領域が哲学、儒学、日本語学、政治・法思想史と多岐にわたっているため、統合的な研究がされにくい（研究拠点になる学術雑誌や学会が少ない）という課題があった。研究のインフラとなる『西周全集』（全四巻、宗高書房、一九六〇－一九八一）は半世紀以上前のものもあり、未所収の文献や修正すべき点も指摘されている。さらに、全集は絶版で古書価格も高騰していることもあって、新規研究者の養成も手薄になっていた。

こうした課題を解決すべく、「西周研究会の全国組織化とそれを中心とした出版事業」と「西周の仕事をより人口に膾炙させる企画事業」の二つを事業の中核に据えることにした。出版事業にかんしては、まず基盤となる研究者コミュニティの開拓からはじめた。大学院時代の知人や島根県立大学の先生のコネクションを頼って、全国の西周研究者にメールを送り、自分の作った企画書をもって会いに行った。どの研究者の方も、はじめは私の申し入れに驚いた様子だったが、なんの業績もない若造の私を快く迎えてくださった。とはいえ、もし私が西周を輩出した津和野町の職員でなければ、そう上手くはいかなかったかもしれない。公務員という肩書は、地方で研究する上でその後も役に立つことが多かった。その結果、西周にかんする全国的な研究組織を津和野発信・津和野拠点で新たに発足させ、その組織体を元に新全集と主要テクストの現代語訳の企画を通すことができた。

これはひとえに私を信じてくれた研究者や編集者の方々のお蔭だとしか言いようがな

い。正直に白状しておくと、新全集企画は「ブラフ」であり、引き受ける出版社もないだろうと思っていた。二つを並べて提示し、「新全集は無理だけど、現代語訳ならいいよ」と出版社に言ってもらう算段である。ところが、後述する山本貴光さんのご紹介で、某出版社の編集者とお会いしたところ、開口一番「新全集はうちから出しましょう」という驚愕の一言が飛び出し、現代語訳よりも先に新全集の企画がはじまった。出版社を確保できたことで、研究者集めがよりスムーズになっただけでなく、明治維新一五〇年という記念イヤーも手伝って、「全集が出るなら、それに先駆けて西周ブームを作りましょう」というかたちで現代語訳を引き受けてくれる出版社も現れた。

全集編纂は、中長期的な研究を必要とするのはもちろんのこと、参加する研究者の数も四〇名を超える大きな企画になる。そこで、島根県立大学と津和野町との間で、「西周研究にかかる連携・協力に関する協定」を結んでもらい、大学と自治体が資金を出し合って新全集の編纂を支援する体制を整えることができた。全集編纂という学術活動のために、自治体と大学が協定を結ぶという仕組みは、おそらく前例のないものだろう。ただし、このことは、出版社や大学研究者の資金的な体力が減退し、業界そのものが立ち行かなくなりつつあることの裏返しとも言え、素朴に喜ぶことはできないのかもしれない。

他方で、企画事業については、学会の津和野招致を進めつつ、観光集客にも繋がるように、都市部の若年層をターゲットにした講演企画をメインに据えた。具体的には、山本貴光さんをお招きして『「百学連環」を読む』（三省堂、二〇一六）の刊行を記念したトークイベントや、「やっぱり知りたい！西周」という教養講座（ＧＡＣＣＯＨとよはく舎の共催）などを行い、これまでリーチが届いていなかった二〇代から四〇代の多くの参加者を獲得できた。

さらに、企画事業の一貫として、右で述べた連携協定のなかに、若手研究者を支援する学術論文賞である「西周賞」の新設を盛り込んだ。現在若手研究者が置かれている情況は厳しく、また今後津和野町が西周の啓発事業を進めていくなかで、必ず専門家による協力は不可欠である。そうであれば、次世代の研究者を発掘し支援することは、自治体にとっても意義のあるミッションと考えたからだ。

「西周賞」は、哲学をはじめとして、ひろく西周に関係する領域の学術論文を四〇歳以下の比較的若手の研究者から募り、審査した上で賞金一〇万円を授与する仕組みとした。実現に至るまでにはいくつか越えるべきハードルがあったが、次のような仕方で賞を設計をすることで、なんとか解決することができた。まず第一に、多種多様な分野から専門的な論文が集まるため、当然審査をする側もその質を判断する高度な専門性が求められる。そこで、西周賞を先の協定内の一事業にすることで、各分野のエキスパートである新全集編集委員の先生方に賞の審査員をお願いすることができた。第二に、若手研究者を支援するための賞である以上、研究者にとって魅力的である必要がある。それゆえ、「応募原稿は未発表のものでなくてもよい」という規定にすることで、既に学会などに投稿した・ないしこれから投稿予定の論文で応募でき、研究者の負担軽減に努めた。第三に、自治体が主催する以上、地域住民へのメリットも存在しなくてはならない。西周賞の受賞者には、毎年津和野町で行われている西周シンポジウムで、自身の研究内容を一般向けに講演していただくことにした。西周シンポジウムは、これまで一五年以上続いている行事で、毎年西周研究の大家の先生方をお招きしてきたが、既に複数回登壇する方も出てきており、住民からもやや内容が高度すぎるとの声もあった。そこで、フレッシュな若手研究者の方に、西周の面白さを分かりやすく伝えていただく機会としてシンポジウムの場を活用するように変更した。若手研究者の方には、これを大学での講義のいわば練習として、あるいは研究の意義をひろく社会に伝える場として捉えてもらい、住民にとっては、いまノリに乗っている俊英が最新の研究を噛み砕いて教えてくれるまたとない機会としてもらえればと考えた。

専門家向けの新全集企画と一般向けの講演を切り離すのではなく、「西周顕彰事業」という枠内でプロジェクトが有機的に連関し合うように設計することは、予算獲得のテクニックであるのみならず、中長期的に事業を運用していく上でも重要であった。自治体が研究者を支援し、研究者によって町が刺激を受け、刺激を受けた町の大人が、次の世代に自分たちのもっている資源を様々に活用しながら繋いでいく。西周を通じてそのようなサイクルを実現させることが、事業の次のステップになるだろう。

四　これからの地方と学術

筆者のような仕方で、若手の在野研究者が地方で活動することを考えた場合、研究環境の悪さがまず課題として挙げられるだろう。実験設備などが不要な人文学研究の場合でも、少なくとも図書購入費と旅費は必須だ。学術活動は専門家同士の相互批判の上に成り立っているため、世界中の研究動向を把握するだけでなく、自らも学会などで発表して、フィードバックを得ることが重要であるからだ。大規模な図書館の数も少なく、都心部へのアクセスも悪い地方において、在野での研究活動を続けるのは確かに難しい部分もある。

また、地方ないし行政独特の難しさも存在する。過疎地域の役場は、人員も予算も足りていないために、マンパワーに依存しがちであったり、新規事業が「余計な仕事」に見えやすいため、粘り強い説明や説得、事前の根回しなどが必要である場面も多い。また、歴史・文化的な資源は地域住民の誇りやアイデンティティにかかわるため、取り扱いには繊細な対応が求められる。地域活性の主役はあくまで市民であり、公的な肩書で事業を行う以上、研究成果を噛み砕いてプレゼンする場を設け、住民自らが西周を観光や教育、町づくりなどの分野で新たな資源として活用できるような配慮も求められる。

とはいえ、地方における在野研究が不可能かと言えば、そうではないだろう。たとえば、筆者も参加していた島根県立大学北東アジア研究センターの市民研究員制度は、地域と研究者の新しい協同関係を考えた場合、今後のモデルとなりえる先進的な取り組みと言える。市民研究員になると、島根県立大学の図書館が利用でき、さらに大学院生との共同研究が成立した場合、旅費や文献購入費の助成を受けることができる。これは地域研究に力を入れてきた島根県立大学浜田キャンパスならではの制度で、地域に大学の知を開くとともに、地元の学識経験者と共に活動することで、学生が刺激を受けて成長することが目指されている。しかしながら、現実には、過疎地域に大学院生を指導できる人材がそう多くいるわけもなく、修士以上の学位をもった者も少ないため、まだ制度がもっているポテンシャルを活かしきれていないようにも感じた。

若手研究者が地域おこし協力隊として地方へ移住することには、大学や研究者コミュニティから疎遠になりやすく、最長三年の任期付であるため、その後のキャリアステージが未開拓であるといったリスクやデメリットも存在する。しかしながら、都市部の高い家賃や物価に苦しみ、アルバイトなどで研究がおろそかになるのであれば、地方に移住することで、まとまった研究時間を確保したり、場合によっては新たな研究対象の発掘をしたり、集中的にアンケート調査やフィールドワークを実施できる可能性は大いにある。実際、慶應義塾大学SFC研究所社会イノベーション・ラボならびに同大大学院政策・メディア研究科社会イノベータコースでは、「地域おこし研究員」制度を設置し、鹿児島県長島町や新潟県三条市などと協力しながら、地域の課題を研究しつつ解決を目指す試みを進めている。

筆者自身も、勤務先である町役場の理解や地域おこし協力隊という制度の恩恵を受けた。勤務時間内に西周に関連する文献を読むことを認めていただいた上に、書籍の購入や学会参加にかかわる費用も活動経費から捻出できた。地域おこし協力隊制度では、自治体や一日の労働時間にもよるが、月に一七日程度の出勤でよく、他の時間はもともとの専門分野（現代フランス哲学）の研究にあてることができた。このような豊富な研究時間や経費のお蔭で、津和野にいた二年半で、共訳書一冊、学術論文二本（西周にかんする査読付き論文を含む）、学会発表六回、共著エッセイ二本、大学での講義四回という成果を残すことができた。

少子化や新自由主義的大学改革が続く限り、日本の大学における人文学研究の衰退は免れがたいと言わざるを得ない。それゆえ、アカデミアの存続のためにも、大学とその「外」との協働は必要になるだろう。近年では、いわゆる文系の学問が市場的価値とは別に認められている価値や営み（民主主義など）をサポートするものとして役立つとアピールする試みすら出てきているが、現代日本における人文学の生き残り戦略を考える上で、地方創生は魅力あるフィールドになりえる。「おらが村、おらが国はすごい！」という国家主義や排外主義に繋がりうる偏狭なリージョナリズムを避けつつ、そこに住まう人々とともに考え、過去・現在・未来を往来しながらテクストというかたちで思考材料を蓄積することは、人文学の強みと言い得るのではないか。

西周顕彰事業のように、大学と地域（さらには出版社）の間に立って、各所の利害調整や企画推進の機能を果たす「中間者」は、アクターそれぞれの利害関心を理解することが求められる。しかしながら、研究者が一般に重視する価値は、意外にも行政や市民の目線では理解しづらいことも多い。それゆえ、学術研究という営みに従事した経験のある大学院修了者などは、この「中間者」的な役回りを担うのに適任であると言えるだろう。

五　おわりに

筆者は、二〇一八年八月をもって地域おこし協力隊を辞め、実家のある関東に戻るという選択をした。そして、それから約半年の受験勉強を経て、二〇一九年四月から大学院後期博士課程へ進学することが決定した。津和野町に赴任して以来携わってきた西周の事業は、筆者が設立・運営してきたプロジェクトであり、専門的な知見を必要とすることもあって、友人らと現地で立ち上げたNPO法人が町から委託事業として引き受けることができた。現在は、出版にかかわる事務局機能が事業の中心になっており、研究者や出版社との打ち合わせにかんしてはむしろ容易となった。町役場や津和野の協力者とは定期的に連絡を取り、年に数回津和野を訪れることで、町へのフィードバックや啓発事業もなんとか滞りなく進めることができている。

筆者が関東に、そして大学院に戻ることとなった理由には、地域おこし協力隊の任期切れが迫っていたことや事業の委託費だけでは生活していけないという現実的な問題もあった。しかしなにより、西周に出会い、様々な人々の応援や支えを得ながら研究事業を進めることで、学問への意欲を取り戻すことができたことが大きい。西周を読むことは、一度は挫折し、砕け散ったプライドや病んだ精神を回復するリハビリテーションにもなったように思う。今後は、主専門である現代フランス哲学にかんする博士論文を執筆することが一番の目標ではあるが、西周をはじめとした日本哲学や彼を中心に据えた「翻訳の哲学」の研究も引き続き進めたいと考えている。西周は多くの哲学用語を翻訳し、哲学を日本にもたらした立役者とも言うべき存在であるが、個的な研究対象を超えて、彼を読むことからは、なぜ日本で哲学するのか、日本語で思考するとはいかなることかを問う上で、多くの示唆を受け取ることができると感じている。

筆者はこれまで偏狭な視野のもと、見えない将来への不安に怯え、細く長い平均台を歩いているような心地で生きていた。修士課程のうちに学会発表や論文投稿をこなし、日本学術振興会の特別研究員になり……といった「こうしなければならない」というレールをいかに踏み外さずに進めるかという具合にである。しかし、一度盛大に平均台から落下し、泥だらけになって、良くも悪くも開き直って好きなことをしようと思えるようになった。

津和野で過ごした二年半はたしかにまわり道ではあったかもしれないが、決して無駄なものではなく、筆者にとってかけがえのない経験となった。博士課程は研究者のキャリアとしてはスタート地点にすぎず、アカデミック・ポストは依然として狭き門である。そもそも博士論文を書けたからといって就職できるわけではないし、学問に携わる上で、大学に居続けることが唯一の成功であり正解ではないだろう。とはいえ、一人前の研究者になるためにも、もう少しもがいてみようと思う。

インタビュー3

ゼロから始める翻訳術　大久保ゆう に聞く

大久保ゆう（おおくぼ・ゆう）

一九八二年生。初期より青空文庫にボランティアとして関わり、大学院在学中からフリーランス翻訳家としても活動。文芸翻訳のほかサブカル関連の画集・絵画技法書などの訳書、幻想文学と古典にまつわる評論やデジタルアーカイヴ・著作権についての批評もある。研究者（大久保友博）としての専攻は、翻訳論・翻訳文化史。京都大学大学院人間・環境学研究科博士後期課程修了、博士（人間・環境学）。二〇一七年四月より京都橘大学助教。

大学で重視される業績主義を無視できるのは在野研究の長所の一つだ。業績的にはあまりポイントとして認められにくい翻訳という営みは、あんがい在野と相性がいいのかもしれない。一六歳から翻訳作品をインターネット上の青空文庫で発表しつつ、現在では翻訳研究者に至った大久保氏に、翻訳の実践方法と在野との関係をうかがう。

文学から訳し始める

――まず、きっかけはなんだったのでしょうか？

大久保　高校生のときからなので、もちろんアカデミズムとは無縁のところです。で、翻訳してみようということで自学自習していくわけで。そもそもインターネットが身近になってまず何をすればいいのかって考えたときに、真っ先に思いついたのが翻訳っていう行為だったんですね。徒手空拳で翻訳をしながら、今やっているような研究のイロハだとか、それこそ文章の書き方を勉強していったという側面があります。キャリアの始まりというか修業時代ですか、そこがちょうど翻訳活動の始まりと重なってるという感じがします。

お話とか物語は若い頃、高校時分も書いてましたし、それから翻案に近いこともやってたんです。つまり外国の何か原作があってそれを自分なりに書き直す経験があって、どちらかというとそれを始めたほうが早いんですね。だいたい中学二年生ぐらいのときで、英語で書かれた作品を自分なりに書き直して、日本語の小説にするみたいなことをやっていたので、翻訳に取り組んだのがいきなりに見えるかもしれないんですが、必ずしも脈絡がないわけではないんです。

翻訳の面白いところって――自分が訳したスコット・L・モンゴメリ『翻訳のダイナミズム』の内容とも重なるんですが――やっぱり勉強することと翻訳することとって大概両立してる、一緒なんですよね。何か自分の知らないことについて調べる過程というのが翻訳とイコールになってる。そのなかである種の副産物として訳文が出てきたりするんですが、たとえば自分が通ってきた道を他の人にも見せるっていう研究書もあれば、翻訳というかたちで、自分がこんなふうに読みましたという結果を自分以外の人にもシェアをしたりもするわけで、そうしてそれぞれの時代で知の全体自体がレベルアップしてきた。もちろん自分だけのオリジナルな研究ができれば最善ですけれども、みんながみんなそうではないし、いきなりそこにたどり着けるわけでもないわけですよね。ふつう研究するときってプランを立てるじゃないですか、これを調べてあれを突き詰めて、最終的にここにたどり着きたいっていうような。で、そのときに全部自分でやってもいいんだけれども、たとえば真ん中の二つ目とか三つ目が、もうすでに海外で研究されてるとなったら、自分でやるよりも訳した方が早いとか、そっちのほうが勉強になるっていうようなこともやっぱりあるんですよね。なので、翻訳を挟みながら段階を踏んでいくっていうのはおそらく在野の方も、それからアカデミズムの方もそんなに大きく変わらないんじゃないかと。

――他方、アカデミズムでの枠組みですと翻訳のお仕事はあまり高く評価されないのではないでしょうか？

大久保　そうですね。評価は単著より低くて、これまで目立った業績としては数えられないというのが一般的で。ただ専攻や分野によっては、翻訳と注釈をもって卒論と見なすことも、ＣＶに書かせる公募もあるわけですから、研究ノート程度には認められているのかもしれませんが。私自身そういう解題付きの翻訳を、諸先輩を見習って研究しながらじゃんじゃん紀要やジャーナルに出してます。そうすると特に査読がつくのがありがたいし、研究のペースメーカーにもできますし。

あと私もいろんな方たちと一緒に翻訳をすることがあって――解体新書ってあるじゃないですか、あんな感じでみんなで寄ってたかって訳してっていうのを結構やるんですよね。特に関西ではそういう集まりが多くて、読書会・輪読会というかたちで、プロフェッショナルな人も学者の方もアマチュアの人も集まって、とにかく全員で互いにツッコミ入れつつ、内容について話し合いながら訳していくっていう文化があるんです。そういう翻訳作業はお互いに勉強にも刺激にもなるし、研究者同士の親交も深まるし、そこから研究のヒントをもらったりする。あまり評価がないならないで、交流・研鑽の一環、趣味の一環でもいいわけです。私も割と趣味で翻訳をやってる面が強いので、業績になるならないよりも、一日仕事が終わってから翻訳する、そういう時間がすごく楽しいんですよね。個人的には、翻訳は割と芸事に近いっていう実感があって――楽器でもそうですけど――とりあえず見よう見まねで弾き始めて、うまくなってくると楽しくなってくるじゃないですか。そういう感じでだんだんと原書がわかってくると、どんどんどん、もうすごい勢いで楽しくなっていく。それに仲間がついてくれば、楽しみは倍増です。

国をまたぐ

――大久保さんの狭い意味でのご専門は英文学ですよね。シャーロック・ホームズもお好きだとのことで。にもかかわらず、翻訳の対象は英語にとどまりません。フランス語であるサン＝テグジュペリ『あのときの王子くん』（『星の王子さま』）ですとか、ドイツ語であるカフカ『処刑の話』（『流刑地にて』）ですとか、国を超えて広く翻訳なさっている。これも語学の勉強がしたくて始められたのでしょうか？

大久保　それは語学が先というより、作品のほうが先で、作品を読むから読みながら語学を勉強するっていう感じですね。なので、読み始めたときにはもう全然その語感はわからないんですけど、読み終わる頃にはわかってるっていう。たとえば、フランス語で書かれたLe Petit Princeにしても読み始めはあんまりよくわかってないんです。読み終わってくるにつれて「あっ、だんだんわかってきたぞ」みたいになって、終わった頃に「あっ、この作品はこういうことだったのか」っていうのが見えてくる。職業でやるか自分の趣味でやるかでまた違ったりはするんですけども、大きく共通するようなところだと、もちろん読んで面白い、感銘を受けたというのは一つ理由なんですが、自分でこれを書いてみたいって思えるかどうかっていうのもやっぱりすごく大事で。翻訳ですから目の前にあるものを訳してるわけですけども、やっぱり自分の身体を使って書いてるものなので、自分がこれを書きたいみたいな、身体から湧き上がってくるものがないとどうしてもちょっとやりづらいですね。小説を書く際に書きたいけど書けない作品ってあるじゃないですか、でもこれを訳したら僕も書けるかもしれない、みたいな。
それから、誰もやってないことをやるっていうのも動機にはあって。シャーロック・ホームズにしてもLe Petit Princeにしても、インターネットでなら一番乗りってところがあるんですよね。それこそ最初はネットで翻訳やってる人自体が少なくて、シャーロック・ホームズでもほとんど手つかず。それからLe Petit Princeにしても、そのころ著作権切れでたくさんいろんな訳が商業出版されてましたけれども、その流れを横目で見てて、下手な訳が世に氾濫するっていうのがどうにも納得できなくて、ちょっと合法的な破壊活動として、インターネットに一番乗りでフリーの翻訳を上げてみたらどうなるんだろうっていう興味も少しはあったりしました。既存のものに疑義があるから自ら世に問う、こういうのは出版産業とは無縁の、独立した翻訳活動だから自由にできることですよね。
それに私の研究も一応英文学になってますが、実際はラテン語や古典ギリシア語から英語に訳された翻訳文学の研究なんでそもそも、あるひとつの言語にだけ関心があるわけではないんです。面白そうならどの言語でもいいし、たとえばスウェーデン語とかからも訳しましたし。

――あまり慣れない言語での翻訳を発表するのに躊躇などなかったですか? 誤訳が怖いというような理由で、発表を控えちゃう。そういう人って意外と多いかと思うのですが……。

大久保　うーん、下手でもやっぱり出したほうがいいんじゃないかな。それも芸事の延長線上で、みんな多少演奏が下手でも演奏会をやるし、ライブもやりますよね。そういうお披露目会を積み重ねていくのと、いわゆるインターネットのパブリックスペースで翻訳を人様に見せたりとか、あるいは絵を描いて見せたりとか、小説を書いて発表したりとかと、そんなに大きく変わらないんじゃないかなって。

　もちろん「ここ間違ってるよ」って言ってくださる方もいらっしゃいますし。それからあとで「あ、しまった間違った」って恥ずかしくなることもあるんですけど、それはまあまあ芸事には付き物ですよね。

みんなで訳そう

――さらに実践的な翻訳術をお聞きしたいんですけど、たとえば、あまり語学が得意じゃないけど在野翻訳をしてみたいっていう若い人がいまここにいたら、どんなアドバイスをしてあげますか？


大久保　何がいいかな。もちろん勢いはすごく大事だし、まずやってみるっていうのは重要なんですけども、私がたぶん幸運だったのは、青空文庫という場所があったことですね。当時ある意味で先進的なことをやっている空間があって、そこに飛び込めた――ただ闇雲に飛び込むだけではおそらくうまくいってなかったと思うんですけども――これから盛り上がっていくようなところに偶然飛び込めたっていうのは大きくて。逆にたとえば今から青空文庫に出しても、そんなに大きく話題にはならないかもしれないし、そうすると若い方々のためにはならないような気がするんですよね。今からやるんであれば今から盛り上がっていくところに突っ込んでいってほしいなって思うんです。

　動画の翻訳でもいいわけなんですよ。ユーチューバーの翻訳でもいいし、それから少し前だとプレゼンイベントのＴＥＤってありましたよね。あそこで動画字幕のボランティアをやっていた方が今めきめき伸びたりしてて、私の後輩世代でも、ＴＥＤの字幕翻訳で修業したという話も聞くので、その時期その時期で飛び込むのにぴったりな場所っていうのがきっとあると思うんです。それをうまく見つけてスッと入っていければたぶん、自分も一緒に成長できるんだなと。

　最近はクラウドファンディングで翻訳をしてる方も結構いて。今流行ってるスマートフォン向けゲームで『Fate/Grand Order』ってありますけども、そこにジェロニモとか、ビリー・ザ・キッドとか、アメリカのいわゆるフロンティア時代に活躍した人たちがキャラとして出てきてて、実はその人たちの伝記ってかなり長いこと未訳だったんです。結構長めの本で、私も昔やろうと思って諦めたんですが。それがちょうどゲームも盛り上がってるし、訳すなら今だろうということで、在野寄りだと思うんですけども、西川秀和さんという方が翻訳のクラウドファンディングをなさって。孤独に翻訳するんじゃなくて、それを支えてくれる人たちと一緒に自分から場をつくっていくパターンもあるっていうのは、希望のある話だなって思うんです。

それからイヴォンヌ・シェラットの『ヒトラーと哲学者』という本を、敬愛する三ッ木道夫先生と共同で訳したことがあるんですが、共訳のほうが間違いはやっぱり減りますね。お互いに読み込んできているので。自分が訳した箇所に照らし合わせると、人のところ見てちょっとおかしいのもわかりますし。お互いの解釈の違いからあらためて気づくこともあるし。二人以上いるっていうのはすごく心強いですね。特にたとえば分厚い本だと、それこそ章ごとに担当を分担して、あとから読み合わせをしたほうがおそらく完成度は高い。実際、同じことを近世・近代の英国もやっていたんです、ということも私は研究していて。昔もみんな持ち寄って読み合わせて翻訳を作ってたみたいなね。

必ずしも一箇所に顔を合わせて集まる必要はないですし、たとえばある学問分野の事典を訳す読書会でもインターネットを通じて遠隔でやりとりをしながら、お互いデジタルの原稿にコメントとかを入れまくったりしましたので。もちろんネット上の共有も含めて昔よりやりやすくなっているからこそですね。

――青空文庫でも共同作業はあったんですか？

大久保　ええ、私の場合いきなり青空文庫に出すんじゃなくて、必ずいったんクッションを置くんです。それはブログだったり、ホームページだったり、ツイッターだったり、別のウェブサービスだったりするんですけども。下書きをいったん別の場所に出して、そこで様子を見ながら「いろんな意見をください」みたいな期間を自分の中でつくっておくんです、実際にもらえるかどうかはべつとして。で、その一定期間を経たあと、もう一回自分で見直して推敲するとか、いただいた意見をもとに改稿してみるとかってしてますね。

――それはいいアイディアですね。初学者で尻込みしちゃうひとも、お試し版なのでどんどん突っ込んでください、というかたちなら参加しやすいかも。

大久保　これもずっと高校ぐらいから続けてて。最初からじゃなかった気がするんですけど、習慣としていつもするようにしてます。私の学生時分だとホームページが流行ってた時代ですから、そこに載っけて意見をもらって直してっていう感じでしたね。

原文はポケットサイズに

――たとえば辞書選びではなにかコツのようなものがあるでしょうか？

大久保　単純に訳すスピードを上げるためだったら電子辞書のほうが圧倒的に早いですね。小型端末でもパカッと開けて押すだけでいいんですが、もうパソコンの中に入れてしまえば検索はもっと早いですし。

それでも、英文学をやる場合は英語辞書の大御所にOxford English Dictionaryが絶対要る。あれはおうちに縮刷版があるので――縮刷版なのにでっかいんですが――困ったらまずそのＯＥＤ御大を見に行きます。だから翻訳家の場合、必ず辞書は複数持ってないといけないんです。一冊だけに頼るっていうのはすごく不安定で。結局その辞書の解釈に頼ってるだけですし、言葉のイメージを探るには色んな定義や文脈を見ながら帰納・演繹しなくちゃいけないので。

いきなり翻訳をぺけぺけ指で叩く、パソコンで打ち込むっていうのは自分あんまりしなくて。まずペンでザザザーッて――一部分でもいいので――書きためてからまとめるっていうパターンも多いですね。指で打とうとすると、なんだか清書みたいな気持ちになってくるんですよね。文章が固定されちゃうような心持ちになるので、下書き気分ならよく手で紙に書き殴るんです。だから行間すごく開けた原文を打ち出して、間にワーッて訳文とか訳語を書き込んでいくってこともあります。中世にも行間翻訳っていう訳し方があるんですが、そんな感じですね。

それだから訳す時にはこの書籍ってパッケージ、すごい使いづらいんですよね。紙の本も大好きだからあんまり悪く言いたくないんだけれども、紙の束って意外と翻訳向きじゃなくて、読書ならめくればいいんですが、訳すときはページを留めなきゃいけないんです。書見台も使うんですが、ペーパーバックだともう都合いいようバラしちゃったりするんですよ。

向こうのペーパーバックは特に背が弱いので、すぐに分解できちゃうからでもありますし、分厚い本だと持ち運ぶのも面倒くさいから、その日訳す分だけちぎって持っていって、出先のファミレスとか図書館とか公園とかに行って訳すとかありましたね。

――安く買えるものならば分解して使いやすくするというのはいいアイディアですね。著作権の問題はいかがでしょう。翻訳権は気になるあたりでしょうか？

大久保　特に趣味でやるとか、自由にやるってときには、翻訳権のなくなっているものの方がやりやすいんですよね。商業ではできない実験的なこともできるし、古典に肩を貸してもらうっていうのはすごく勉強になるわけですから。名作や古典は重鎮にならないとわからないみたいなことを言う人もあるんですが、若いときに思い切りぶつかることも必要ですし、それこそ大きな学者が若書きしたものなんかは、若輩だからこそ訳せるって側面もあると思うんですよ。

どいつの台詞だかよくわからん！

――大久保さんはフィクションから翻訳を始められたかと思いますが、ノンフィクションや評論文との違いでいうとなにかあるでしょうか？

大久保　フィクションはどちらかというと、自分でお芝居をしているような感じがありますね。キャラクターがいて、お話の展開があってということなので、一つずつ役作りしていって作品を組み上げていくっていう、要はお芝居の演出です。ノンフィクションとか評論とか研究書の場合はむしろ、考えていることを伝えなきゃいけないので、書いた人の思考プロセスをずっと追いかけながら、同じように考えながらしゃべるにはどうしたらいいのかを意識して、それでいて、たとえば自分が大学生だったときの自分にわからないような言葉でしゃべりたくないなっていうのはすごくあるので、できるだけ自分がわかる言葉にしていこうと砕いていく作業はあるかなと。

——稚拙な意見かもしれませんが、外国の文芸作品って訳すの難しいなと思っていまして……というのも、複数の登場人物が、特に三人以上でしゃべってると誰がその台詞を言ってるのかわからなくなりがちで。日本語だと語尾の活用でかなり特定できるのですが。これも経験値を上げていくと解消されるでしょうか？

大久保　いや、それはわからないときは本当にわからないんですね。なかば勘の領域に入ってくるというか。わかんないところは実はネイティブに聞いてもわからなかったりするので、きっとそういうものなんです。

でも誰がしゃべってるかって、本文批判とか校訂には大事な要素ですから、デジタル人文学って分野になると、テキストを作る段階でタグを付ける、つまり「ここからここまでの台詞はこの人の発話ですよ」っていうタグを電子的に全部付けたらやりやすいんじゃないかっていう話もしているんです。テキストの言葉が副次的に持つ位置づけなり属性なりを——昔ならコメンタリやアノテーションとしてやっていたことを——ぺたぺた付箋みたいに貼っていくんですが、そういうのを構造化テキストって言います。表面的にはテキストに見えてこないんだけども、実はその後ろに注のついたタグを全部持っていて。で、情報として、ここからここまではこの人のしゃべった言葉、ここからここまでは別の人がしゃべった言葉とか、呼び名にしてもことそこで「少納言」って出てくるんだけれども、これとそれは別の人とか、ここでは少納言であっちでは中納言だけど実際は同じ人とか、っていう付箋をみんな、電子テキストを生成する段階で付けちゃおうっていう。実現できれば、確実に翻訳が楽になるなと思うわけです。

訳語を決める術

――大久保さんはカタカナ語や造語みたいなものを頼らずに訳してらっしゃるように見受けられるのですが、それは意識なさっているんですか？

大久保　意識してますね。あくまでわかる言葉にしたいっていうのもありますし、翻訳研究のなかでもそのカタカナ語とか翻訳語、外来語や造語ってよく論点になる話で。もう亡くなられた柳父章先生という方がいらっしゃって、一昔前なら翻訳の研究といえばこの人しかいないっていうくらいの大先生なんですけれども、その柳父先生が翻訳語には「カセット効果」が付き物だとおっしゃってるんです。言葉って記号ですから、文字と意味がつながっているように思えても、実は言葉と意味、言いたい真意みたいなものと物理的な音や刻印が結びついているのは、自分の頭のなかだけなんですよね。だから作った言葉は相手には伝わらないのが普通で、造語すると外側の綺麗な箱だけは相手に見えるんだけど、でも中身はよくわからないままで、だから誤解の起こる可能性が非常に高いんです。なので、よっぽどのことがない限りは造語しないですね。まったくしないというわけじゃないんですが。

――訳語の統一ということでいいますと、本の最初に決めた訳語が後の方にいくにつれて別のものに交代しちゃうってことよくあるんです。自分で決めたものを自分で忘れちゃって。

大久保　これは経験則なんですけども、最初に訳してた言葉がだんだん最終的に全然違うように変わってる場合は、後のほうが合ってるっていうパターンが多いんですよね。

読み進めていった自分がその訳語に決めてるんだから、そっちのほうが深く読めてるはずで。だから私はあとから戻って訳語を書き直すことっていうのは結構ありますね、これはこう訳せばよかったんだなって。訳しっぱなしではないんです。初め手書きにするっていうのは訳し直したいからでもあって、とりあえずの下書きなんだけれども、次に打ち直すときには最後あたりで訳した単語を覚えてるからちゃんと直せるんです。そういう意味でもいったん打ち直すわけで。

あと、訳した手触りを忘れちゃわないよう一気にやるのはすごく大事ですね。『ヒトラーと哲学者』のときは、自分の受け持った分はのべ一カ月ぐらいしかかってないです。一カ月半で集中してやったんじゃないかな。で、そのあと共訳者の先生と付き合わせるかたちで。さいわい章ごとに内容が違ったので、ある章は一日で一気呵成にやりました。何日かかかる場合も、章ごとに数日続けてやって一休み、さらに別の章をやって中休みを取る、みたいに。そのペースを作るために、地元の温泉宿にこもったりもしました。

直訳がいいとか意訳がいいとか、そういう曖昧な基準は研究者としても信じてはいないんですが、別に一冊の中であるところは直訳で、ほかの箇所では意訳だ、っていうのはごく普通のことですよね。実際、読んでても気付かないレベルですよ。なので訳書のなかに、柔らかいところと、かみ砕いたところと、そのまま異質なものが残ってる場所があってもいいわけです。逆に全部揃えちゃうことのほうが何か失っているものがあるような気がしてちょっと怖い感じがしますね。

——今日だと自動翻訳の技術も進んでいますよね。翻訳研究者からみて使い物になりそうでしょうか？

大久保　「使い物」の考え方次第です。いや、何か面白い使い方ができたらなって思ってずっと試したりはしていて、確かカフカを訳したときには、一回ドイツ語の原文を自動翻訳にかけたんですが、もちろん間違いだらけの文章が出てくるんですよね。でも、たとえばその自動翻訳で出した原稿をとりあえず横に置きながら、それとは別に自分は自分で改めて訳すんですけども、ちらちらと自動翻訳の方をながめてみたら、自分じゃ絶対に出てこない訳語っていうのがたまに機械翻訳の中にあったりするんですよね。偶然の詩情っていうんですか、そういうのを見つけられるとやっぱり面白い。あるいは、辞書を引いても出てこないような訳語が載ってるとか。自分が正しく読んでたと思ってたけど、実は機械翻訳がもっと文学的な文章を吐いてることもあったりするんです。完全には頼らなくていいと思うんですけども、普段はおかしいのに時々ぐさっと来ることを言う面白い友達みたいな感じで横に置いておく分には全然、文芸にも役に立つかな。だからこの意味では、翻訳の精度が上がったら逆に困るわけです、機械が平凡な訳のできる凡人に近付くってわけですから。お前、大人になったらつまらない人間になったな、っていうアレですよ。

幹と枝葉

――これは最初に聞くべきことだったかもしれませんが、大久保さんは学者になりたいっていう欲望っていうのはあったんですか？

大久保　学者ですか、うーん、どうだろう。アカデミシャンという意味なら、たぶん今もすごく曖昧というか。私が一番関心あるのはやっぱり翻訳なんですよね。何でも、やっているうちに自分がやっていることっていったい何なのかっていう問いがどんどん出てくるわけじゃないですか。で、そのときに翻訳って何なんだって考えても、誰も研究してなかったから誰にも聞けなかったんですよね。じゃあそれも自分でやるしかないのかなってところで自分の翻訳研究の出発点があって。で、一つテーマとして今持っているのが「翻訳の歴史」なんです。自分より前に同じ営みをしてきた先輩達がたくさん、大勢の翻訳者がいるなかで、どういうふうな系譜があって自分につながっていくのかっていうのが学問的な問いにも繋がると思うんですけども、そうすると自分のやっていることと学問との接点ができるわけです。で、これは切り離しちゃいけないないなという実感もあるので、その流れでたまたま学問というところに辿り着いたのかなと。自己探求の果てに知らず識らずここに来ちゃった、みたいな。

大学生ぐらいまではもちろん進路に若干の迷いはあったんですけれども、大学生のあいだにとりあえず、翻訳っていう名前の付く本を、評論本も含めて全部読もうと思い立って。学生にありがちですが「図書館の棚全部読むぞ」みたいなことをやって、そのうち「あっ、これはもしかしたら研究になるのかもしれないな」という予感も出てきて。

どうしても木って幹だけじゃ成り立たないので、枝葉がやっぱりいるなって話で、自分の一番興味があるところからどこまで枝葉を広げられるんだろうって、底なしの好奇心みたいなのもありますよね。ここを伸ばしていけばあそこに辿り着いたなっていうのをちょこちょこやりながら、枝葉と一緒に木が大きくなればいいなっていう調子のいい期待なんですが。それは割と間違いではないんです。なので、これから研究をしようってひとも、やっぱり枝葉を完全には切らないようにしてほしいなって思いますね。これは自分の研究にとっては余分なものだから切っちゃおうみたいな感じにすると、たぶんあとあとすごく伸びなくなる。

——大久保さんはサブカルにも造詣が深いですが、それも枝葉の広がりに関係しているんですか？

大久保　何でも翻訳の一種だっていう捉え方を必ずしているんです。たとえばライトノベルからアニメになるときに何が変わってるのかとか、何が翻訳されて何がされてないのかっていうのもそうですし。それからサブカルの話にしても、自分が何かテキストを読むなかで、テキストをどう解釈するかっていうのはやっぱり翻訳なんですよね、それはもう。だって翻訳するときには必ず解釈してるわけですから。解釈もそうですし、媒体が変わるっていうのももちろん一つの翻訳だし。そういえば学生時代に点字をやってたんですよね、目の不自由な人が指や手で読むBraille。あれも言葉が別の言葉の体系に変換されてるものだし、自分でもそういう一つのテーマを持ちながらいろんなものを見てるんだっていう感覚があって。ですから、どこか外れてるっていう意識はかえって自分にはないんですね。

電子テキストってある種のユニバーサルなものだなっていう発見が青空文庫のなかで、創立数年後ぐらいにあって、自分も立ち会っていたんですけども。このテキストが電子化されることによって、自動読み上げとか、点字のデジタルファイルへの自動変換とか、さらに別の何かに容易く変われるっていう事実を目にして、この橋をつなぐ本質はなんだろうって考えれば、やっぱり翻訳への問いにもなりますし、ある意味ではそういう問いがユニバーサルな社会を成立させるための役にも立つのかなとも思うわけです。突き詰めていくと、自分が訳したとおりに読んでくれなくてもいいんですよね。もっとはちゃめちゃな何かになってくれてもいいんだ、そういう変容も翻訳だっていう感覚がどこか根底にあるんです。

これからの翻訳者のために

――自動翻訳の話も出ましたが、未来の翻訳者に期待したいことなどあれば。

大久保　予想のできないものが来たら楽しいなって感情もあるから、在野にあるイレギュラーな存在として翻訳をするってすごく大事だと思うんです。学習産業からすれば、翻訳家っていうのはたとえば翻訳学校に通ってそこを卒業して、誰かお師匠さんの下について下請けの仕事をもらって、そこからなる、っていうルートがあるんですけど。でもそこから出来上がってくる翻訳の不自由さみたいなのを考えると、一般的なルートを度外視して、なんかもうよくわからないけど一人でめちゃくちゃ頑張って翻訳してるっていう人のほうが面白いんじゃないかな。もちろん翻訳学校出身の方を否定するわけじゃなくて、それはそれでいいんですけど、ストリートミュージシャンみたいなあり方だっていいじゃないですか。野生の翻訳者みたいな。

ちょうど明日また会うんですけど、小磯洋光君っていうひとがいて。この間、新潮クレストでテジュ・コール『オープン・シティ』の翻訳をされたんですけど、彼は独特なルートで翻訳家になったんですね。日本のいわゆる翻訳学校を出ていなくて、海外には翻訳の大学院というのが実はあるんですが、そこの文芸翻訳の修士課程みたいなところに行って理論を学んで帰ってきて、それから自分で出版社に売り込みをして、デビューのそのテジュ・コールの翻訳につなげたっていう方がいて。彼はほんとにパワフルというか、在野にいる独立人の身軽さと力強さがあるんです。彼のほうがいくつか私より年上だと思いますけど。

翻訳家って割と在野から出てる人って昔から多いというか、荒俣宏さんも在野ですよね、伝説の独立研究者。いわゆる昔のユリイカを中心に集まっていた人たち、紀田順一郎さんとか、あとあと大学の先生になりましたけどもドイツ文学の種村季弘《すえひろ》さん、あの方はもともと在野じゃないですか。

翻訳ってすごくパワーがあるというか、自分一人じゃできない力を持たせてくれてるような気がするんですよね。もちろん孤高に何かをやってもいいんだけども、たとえば『翻訳のダイナミズム』が訳されたことによって、自分だけじゃできなかったある種の翻訳研究の一般化ができて、裾野が広がっていくようなこともあるのかもしれないですし。

ローカルな言葉に訳す重要性ってますます大きくなっていて、翻訳研究だと近年は翻訳と政治が大きなテーマなんですけど、ローカルな言語に訳すのが、たとえばある地方の独立に関わってくるっていう例もあるんですよね。最近だと、スペインでカタルーニャ地方が独立しようとしてますが、その背景として、現地語の吹き替えを付けて流されたTV番組が、独立運動の下地になってたりします。つまり、自分たちの言葉があるよっていうことを放送で示すことによって自覚を生まれるわけです。活用される媒体には、スポーツもあって。バルセロナオリンピックがあった一九九二年を例に挙げると、もちろんスペイン全体の国威発揚はあるんだけれども、でも実際にやってるカタルーニャの人たちからすれば、地元のものなんですよね。だから地元選手の活躍がスペインの標準語で放送されちゃうと違和感がある。すると現地でやっぱり、そのオリンピックの時期にはカタルーニャ土着のカタラン語での報道もあって、そうすると表向きスペイン代表として出ている人たちも言葉の力でカタルーニャ代表に見えてくるんです。

それからもうひとつの鍵になるのがアニメ。たとえば日本のアニメが海外に輸出されると、子ども向けのものだから、ローカルな言葉を付けやすいんですよね。たとえばドラゴンボールとかワンピース。スペインもかつては大航海時代の大国ですから、ワンピースには親近感があるわけですけど、それを現地の言葉の吹き替えをして放送すると子どもも小さい頃からローカルな言葉に触れられます。で、テレビでアニメを見た思い出と一緒にそのローカルな言葉っていうのが個人のなかで育っていくらしいんです。そうすると実際の独立運動をしてるときに、悟空のキャラクターが書かれた旗を持ってたりとか、あるいはワンピースだったら、みんなが腕を上げて、手の甲に書かれたペケ印を見せるシーンありますよね、あれをオマージュした独立運動の絵を若い子が描いたりとかもしてて。そういう言葉のローカライゼーションが生む、つまり翻訳が作っていく政治的な力ってあるんだなと実感するんです。そういう観点からすると、少数民族や危機言語にとっては、いかに自分たちの言葉への翻訳が増やせるかが、自分たちの有形無形の独立にとって重要なんです。

在野でトルストイを研究していた北御門二郎さんっていらっしゃいますが、彼の翻訳は在野にあったからこそ、自由に政治的で、まさしく平穏平易を求める農夫のようだったわけです。現状に風穴を開けるような翻訳はやっぱり、何事からか独立した人間であろうとするからできるんじゃないでしょうか。

第一四章

アカデミアと地続きにあるビジネス

朱喜哲《ちゅひちょる》

一　「在野」に至るまで

本章の筆者の専門は哲学である。より詳細には、英語圏を中心としたいわゆる分析哲学（言語哲学）のなかでも言説実践を研究対象とする「ネオプラグマティズム」の系譜を専門とする。哲学を志したのは、大学入学のはるか以前だった。おそらくは哲学専攻にありがちな「自分には哲学くらいしかやりたいことはない」と頑なに考えているタイプの新入生だったと思う。つまり、よく言えば脇目をふらず、わるく言えば何も考えず大学院まで進学し、アカデミアに職を得られればよし、さにあらずともほかの選択肢などもたぬ、というような哲学専攻の学生だった。

院に進学した二〇〇九年、大学院重点化以降の「博士人材」たる先輩たちが厳しい就職状況にあるということは、すでに明らかだった。二年しかない博士前期課程、修士論文とその先の研究計画を構想するなかで、当然のように将来不安がよぎることになる。ただ、それは将来の経済的自立や生活環境への不安というより、それも一因として「哲学を続けてきたことを後悔する日が来るのではないか」という類の不安だった。

当時の私の「研究」観は極端に個人主義的で、研究とは究極的には自分のためにやるもので、その過程で研究成果が何らか社会的な役割を果たすとしても、それは副次的なものでしかないと信じていた。そのため、恐れたのは「哲学を辞めてしまう」ことで、それはつまりアイデンティティ喪失を意味していたからである。

したがって処方箋は「ほかの選択肢」を獲得したうえで、それを棄却する――ないしそもそも選択肢を得る能力がないと明らかになる――ことで、それによって哲学を積極的に選びとったと確信できたならば、この憂いを減じられるだろうと考えた。かくして、学部のタイミングでは検討さえしなかった、企業の新卒採用を念頭に置いた「就職活動」を実施することにした。それはあくまで「選択肢」獲得用として割り切られた就活で、多くの労力を割くことは躊躇われた。また、思い立った時点ですでに外資企業は採用を終えていた。こうした事情から、社名を知っていた国内の大手企業数社に絞ってエントリーした。内定の獲得が至上目的ではないという気楽さも手伝って、就活体験は新鮮だった。縁がないはずだった「ビジネス」「産業界」ではどのような価値が奉じられているのか、どんな語彙が流通しているのか。とりわけ自分が従事してきた哲学にどのような目が向けられるのか、純粋に知りたかった。そのため、あくまで進学と研究の継続を第一志望としていることを前面に出し、わりあい率直な態度で臨んだ。あとから顧みると、その姿勢こそが判で押したような大量の就活生のなかで目を引いたという要素もあるのだろう、期せずして複数の内定を得て――なかば拍子抜けしながら――、修士論文の執筆に戻った。

いざ選択肢を得ると揺れるもので、率直に言えば進路に迷った。修論の執筆を通じて自身の研究者としての資質には一定の判断がついたし、詳細化していく関心の所在は、哲学業界全体のニーズからするといかにも傍流であるように思われた。何より――いまから振り返れば――決定的なことに、所属する研究室の当時の文化や状況から、所属を越えて関心によって結びつく学術共同体へのアクセスがなかった。修士は基本的に学会に出ないものという風潮がまだ残っており、学振に申し込めるような業績もなかった。また、現在のように若手がインターネット上で業績を公開し、SNSを介して研究会や読書会が盛んになる以前でもあり、「哲学」の学術共同体はいかにも遠く、狭いものに思えていた。

博士進学か新卒枠での企業就職か。その二択であれば、まず後者を選んで企業を体験し、しかるのち望めば前者に転じることもできよう。そう考え、ひとまず三年間という期限を自らに課して、ビジネスに身を投じることにした。入社先には、就活を通じて提示した研究上の関心を「面白がって」くれた社員が多かった大手広告代理店を選んだ。

この選択には、もうひとつ重要な理由もあった。代理店というビジネスモデル上、行政から小売など多様な広告主から各種メディアまで、非常に幅広い企業・組織と取引があるにちがいなく、短期間で「ビジネス」の構造と、そこで流通する語彙を学ぶにうってつけだと思われたのである（これは正解だったと思う）。

三年という期間は、ビジネスの在り様を学ぶうえでも、そして研究に戻りうる空白期間の上限としても適切ではないかと設定した。三年働いてみて、ビジネス全般について己の適性や持続可能性を判断し、そこで生きていくのか、はたまた初志に立ち返り、憂いを断って「アカデミア」に戻るのかを選択したい――それがひとまずの目標になった。

結論からいえば、この〈ビジネスかアカデミアか〉という二項対立そのものが三年間で解消され、両者は両立可能なものであるということになる。三年後、当初は想定しえなかった第三の選択肢として、企業にフルタイムの社員として勤めたまま出身研究室の博士課程に戻ったのである。以来五年かけて博士論文を提出し、二〇一九年三月に学位を取得した。同年四月以降は、同大学に研究員として籍を置きつつ、主たる生計の拠り所としては以前と変わらず企業に勤めている。

私自身の五年間の経験から言えば、研究とビジネスは両立しうる――というより、むしろより積極的に両者は相互に関わらせることができ、個人に留まらず両コミュニティに対してさえ双方向での恩恵がある。仮にこうした両輪をもつ在り方を「在野研究者」と呼ぶならば――そのとき何と区別されるのかは曖昧であるし、あえてそう呼ぶ必要もないかもしれないが――、その在り方の一例を本章で提示したいと思う。

二　「研究」概念を改訂する

「研究者」というアイデンティティを保持したかった自分にとって、大学から離れる不安は小さくなかった。しかし哲学という学問の性格上、大学の設備環境は研究活動の継続に不可欠なものではない。独りでも興味関心に沿って文献を読み続けることくらいできようというのが当初の目論見だった。プラグマティズムの始祖チャールズ・S・パースの名前を挙げるまでもなく、哲学者は大学のなかだけにいた訳ではないし、現代の日本でも活躍する在野の（大学に職を有さない）研究者は少なからず存在する。しかし、こと自分自身に限っていえば、この目論見はまったく外れた。

入社後に待っていたのは、想像をはるかに超える分量の業務だった。当時まだ「働き方改革」以前の広告代理店である。裁量こそあったが、「ビジネス」をはやく理解しようと積極的に新しい案件に手を挙げていたこともあり、毎日のように早朝から深夜まで働いた。たまの休日も心身のケアにつとめるのがせいぜいで、エンタメならともかく哲学書の類は入門的な日本語文献すら読めなくなった。それどころか、学部時代から何度も読み返していたモチベーションを新たにしていたような本にさえ、手がのびることはなくなっていった。

当然、修論まで取り組んだ分野の動向を追うこともままならず、一年も経たずして自分を現役の「哲学研究者」と見なすことは困難になった。その状況には焦燥感もあったが、もとより三年という期間を設定していたこともあり、割り切ることはできた。それに――じつのところをいえば――、はじめて体験した「ビジネス」とそこでの実践は、すこぶる楽しかったのである。しかも、そこで得られた歓びは、かつて「研究」において、ときおり得ていた歓びにもよく似ていた。つまりそれは、一定のスキルとマナーを共有する〈探究の共同体〉において議論し、それによって共同でよりたしからしい結論へと迫っていく営為の歓びである。

私が配属されたのは、おもに広告の効果検証とそれを踏まえたプランニング、コンサルティングに従事するチームだった。二〇一一年当時、デジタル媒体の急成長とともに、いわゆるダイレクトマーケティング手法が広範に普及しつつあった。この手法では、実験計画を立ててテストを行い、結果を分析しては改善していくことを繰り返す。

仮説を立て、それを検証しうる計画を練ること。得られたデータのバイアスを踏まえたうえで各種手法を駆使して分析を施し、ありうる示唆と仮説を導くこと。そして当該ビジネスを改善するうえで介入可能な粒度と単位について知悉していること。求められるスキルセットは多様かつ高度で、実務を通じて育成するほかないにせよ下地や適性がある方が望ましいのだろう、チームメンバーの多くは理系の院卒で、アカデミアにおいて統計やデータ処理、実験計画などに親しんできた人たちだった。

チームを率いるボスは、もともと経営科学の博士号をアメリカで取得したのち帰国、アカデミックポストに就いたものの競争的資金の獲得・管理コストの増大などに直面して見切りをつけ、のちにいうデータ・サイエンティストのはしりとして広告代理店に転じたという経歴の持ち主だった。

文系院卒である私が当該チームに配属された理由は推測するほかない――おそらく「分析哲学」というフレーズがもつ印象も一役買ったと思う――が、分野は違えど、大学との共同研究や実証実験、論文執筆などを行い、当然のようにアカデミックな権威への敬意を備えたチームでビジネスのキャリアをはじめられたのは僥倖だった。チームはどこか理系のラボのような雰囲気と文化があった。期せずして、私は会社に入ってから、これまでは知らなかった「研究」の文化に触れることになったのである。

たとえば「進捗報告」である。案件は基本的に個人単位で担当するが、定期的に進捗状況の報告・共有の場が設定される。それ自体はどの部署にもあるが、配属されたチームでは、インフォーマルなものも含め、じつに頻繁に担当案件の相談をしあっていた。データ分析であれば、データの解釈、分析手法、仮説の妥当性、類似案件での相場観など、多岐にわたってチーム内の有識者に意見を求め、協議するのである。チームメンバーたちは、私だけが触っているはずのデータについて、こちらが陥っているトラブル、見落としているバイアスや前処理の不徹底、解釈の盲点などを鋭く指摘した。その場でより洗練された仮説がいくつも提出され、こちらは部分的にディフェンスしながら自説を修正し、また次の分析やテスト設計に生かしていくのである。

こうしたプロセスは、生産的であると同時に知的な刺激に満ちていた。また、総合的な知識とスキルセットが求められる新興領域であっただけに分業が進んでおらず、何でも調べながら自分で手を動かせるというのは、固有の領域や方法論をもたない哲学の訓練を受けてきた者には向いていたのだと思う。働けば働くほど理解が進み、成果に手ごたえも得られ、仕事に熱中していった。

もちろん、最終目的は〈真理の探究〉ではなくビジネスの改善であり、検証手法や仮説の精緻化はそれに従属するサブ目標に過ぎない。しかし、それゆえに次々に実際のテストを繰り返して漸進的に成果を積み上げていくと、いつしか法則性や構造が見えてくるのである。それはやはり限定的であれ「研究」と呼びうる営為だった。

考えてみれば、分野にかかわらずそもそも「研究」は大なり小なり社会に影響をおよぼすはずで、むしろ違いが生じうるからこそ仮説を改訂する営みに意義があるのだろう。こうした「社会実装」への関心は、専門であるプラグマティズムがその起源からして備えていたもので、教科書的な知識としてはもち合わせていた。しかし、いざ一連のプロセスを自分で体験してみるまで、「介入」や「社会実装」について、哲学研究の本質とは関わらないものだと暗黙の裡に線引きしていたことに気づかされた。それは、哲学がもちうる社会的影響を過少に見積もり、他分野との協業可能性からも目を背けてさえいたのだと。

修士まで抱き続けていた個人主義的、孤独で内省的な「研究」観においては、哲学研究の主体はどこまでいっても研究者個人であり、研究の進捗とは〈私の〉理解を改訂するものだった。先行研究の吟味、ゼミや研究会、学会といった学術コミュニティの活動は、私的な目的に資する限りにおいて活用するものだという順序で考えていた。研究は孤独な営みであるが、その孤独とつきあっていくことこそが研究者の資質なのだと。

いまの私はこの見解をとらないが、これが誤っているとか万人にとって棄却されるべきだとまでは主張しない。しかし、もし哲学研究もまた共同的な営みとして捉えられるならば、少なくともこの種の孤独からは解放される。そして、訓練を受けた共同研究者とともに、共通の目標に向けて各々の進捗をすり合わせながら歩むことの快楽と、何よりそれが単独で行うよりも高い到達点に達しやすいアプローチであるのだと体感してしまえば、あえてそこから背を向けてまで拘りたいものはなくなった。

もちろん、モチベーションの枢要な要素として私的なものはあるし、そうした孤独は消え去らない。しかし、いまの私にはこうした「孤独」は最小化されるべきもので、あたう限り公共的な議論の場に提出したうえで、なお残る私的な選好に属するように思う。

三　「在野研究者」であり続けるためにこそ、アカデミアに戻る

入社二年目にさしかかる時期には、当初に描いていたよりはるかに前向きな意味合いで「ビジネスを続ける」選択肢も現実的なものになりつつあった。しかし、「共同行為としての研究」に適応し、実務経験を積んでいくとともに雲行きが変わってきた。最初はどの案件でも得られていた「研究」の快楽が、みるみる逓減《ていげん》していったのである。

経験を積んでしまえば、共同討議を経るまでもなく自分だけで予測がつくことは増える。当然、新たな気づきや仮説改訂の機会は減る。できるだけ新奇性の高い案件を求め、自らもそうしたビジネス開発に関わりはじめたものの、いちど得たスキルセットや相場観をリセットできるわけではないので、知的刺激はどうしても減ってくる。途端に気になってくるのは、そもそもビジネスの個別案件における究極の課題が、特定のモノがどうすれば、誰に売れるのか、その行動にどう介入可能なのかという、ごく限定的なものだということだ。そして、課題に共同で挑む快楽はあっても、課題そのものにはほとんど関心をもてないのである。要するに、情熱を維持することが難しくなった。

ここに至ってあらためて目が向いたのは、チームのボスや先輩たちは、はるか以前から同様の境地にあるはずで、にもかかわらず新人を圧倒する熱量と独自性をもって個別案件に臨んでいたという事実である。なぜそんなことが可能だったのか。よくよく観察し、訊ねてみると答えはすぐにわかった。そうした人たちは、目の前の課題とは別に、自身で設定したより大きなテーマを保持しており、しかもそれは複数あったのだ。

個別案件が数週から数ヵ月間隔で取り組む短期的なリサーチ・プログラムだとすれば、

そこでのデータや示唆が部分として貢献しうるような年単位の中期的なプログラムが複数あり、さらに射程が広く、具体的なステップがまだ見えていないような長期的なプログラムが構想されていた。そうした大きな研究構想を念頭に、そこから個別案件を捉えることで、それらを独自の観点から「面白がれる」角度や糸口を数多くもち合わせていたのだった。

大きなテーマとは、もはや目先のビジネスとは直接結びつかないもので、「インターネットは人類をどう変えたか」とか「情報とは何か」といったレイヤーのものだ。それらは個別の学問分野、ビジネス領域で即座に扱えるような問いではない。しかし、そこから派生する問いを積み上げていけば、いずれは輪郭をなすような論題である。こうした大テーマから実務に落とし込める複数の中テーマを設定し、異なる個別案件に自分なりの統一的なビジョンをもつことこそ、特定のビジネス領域の専門家に留まらない「研究者」型のビジネスパーソンという在り方を実現させていたのだった。言い換えれば、優秀なビジネスパーソンであることが「在野研究者」であることと一致していたのである。

さて、自分にそれができるだろうかと自問した。修士までは、重層的なリサーチ・プログラムを立案し、進捗管理しながらアウトプットを出すという訓練をあまり積んでこなかった。また、哲学分野の特徴かもしれないが、大きな問いを提出しつつも、それを実際の業務を試金石とするような形で下位テーマに落とし込むことは不得手だった。

しかし、技術やデータの扱いにおいてアカデミックな水準の専門性をもたない以上、哲学を源泉とした重層的なプログラム設定ができなくてはならない。そのためにも新しい課題意識から、もう一度学びを再開する必要があった。何より、そろそろ「哲学」をやりたいと心底思いはじめていた。ビジネスに転じて、望外の共同的な研究の歓びに触れられたものの、前述のとおり哲学のテキストはほとんど読めない期間が続いていた（この期間を踏まえると、少なくとも自分の場合、哲学は「書く」ことなしには「読む」ことができないのだと悟った。無謀に思えても締切を設定し、拙くとも書かなければ、テキストを読むことさえできなくなるのだと。もっとも一般に締切がなければ人は動かないというのは、「納品」をともなう作業を大量に回し続けたうえでの実感でもある）。

かくして、次の方針は固まった。当初の動機は「哲学の研究者であり続けること」だったが、それがビジネスで糧を得ることと両立しうることを体験したいま、やるべきことは「研究者」としての地歩を固めることだった。具体的には、社会的な権威をもつライセンスとして博士号を取得することだった。これは業務量を制限して研究時間を捻出するうえで、職場に対しての大義名分としても通りやすかった。

入社以来の業績が評価されたこともあって、より専門性を高めるために博士課程に進学したいという申し出はスムーズに受け入れられた。それどころか、入社二年目の冬に半年後の博士後期課程の受験を考えている旨を相談したボスからは、計画の甘さとこの間に学術業績がないというブランクを指摘され、博士論文に向けた研究計画の立案と院試に向けた進捗報告を課されるという、まったく想定外の展開が待っていた。それから一年間、毎週のように一対一の「ゼミ」が始業前に開催され、分野外に伝わりうるよう研究進捗をアウトプットする訓練を積むことになった。じつのところ、この期間がなければ博士後期に進むことは叶わなかったと思う。

ただ、内心もっとも得たいと思っていた——そしてアカデミアに戻らなければ得難いだろうと考えた——のは、こうした独学のための規律ではなかった。それは、各々の研究テーマを背景にしつつも部分的に協業できる共同研究者であり、そのネットワーク、研究者コミュニティへのアクセスだった。これらが研究生活を持続可能にするうえで不可欠だということを、ほかならぬビジネスにおいて学んだからである。

四　結びにかえて

三年ぶりにアカデミアに戻ったとき、以前よりずっと風通しよく感じた。自分の変化もあるが、そればかりでもないだろう。通信インフラを活用した遠隔での読書会・研究会が増え、縮小傾向が続く個々の研究室を越えた（若手）研究者のネットワークは質・量ともに伸びている。これから研究を志そうとする人たちにとって、こうした環境は大きな助けになるだろう。私自身こうした流れに掉さして、狭義のアカデミア外での研究コミュニティの形成と維持に資する場としてイベントスペース「オンガージュ・サロン」の運営を行っている（博士在籍中というタイミングで、住宅ローンを組んで研究環境とコミュニティ形成の場づくりに投資できたのは、会社員という身分でいることの恩恵を最大限に感じた）。

「研究」を共同的な営みとして捉えるべきという本章のメッセージは、哲学においてもすでに自明かもしれない。だとすれば、それは望ましいことだ。そして、研究を孤独な営為だと考えないのであれば、研究者個々人の身分や自己認識に焦点を当てることはさほど重要ではなくなるだろう。重要なのは、誰と一緒に研究をするのかという点であり、どのような〈探究の共同体〉を構築するのかという点になるはずだ。また、そのとき共同体の少なくとも一端がアカデミアに広がっているべきことは自明だろう。

大学が貧しく、研究者もまた貧しい時代に、私たちは研究という営みの「持続可能性」をようやく正面から考えようとしている。本書が掲げる「在野研究者」もまた次の時代に持続可能な研究者像を示すものだろう。本章が目指したのは、この語に付きまとうかもしれない孤独さの影を払拭し、その輪郭を拡張することだった。

持続可能性を担保する方法は、縮小均衡ばかりではない。ビジネスというフィールドまで地続きとしたうえで、そこにもいる「研究者」たちと重なり合うリサーチ・プログラムが設定できるならば、私たちはもう少し長いあいだ研究を続けていられるのである。

在野のための推薦本

◉酒井大輔（第一章）

研究者はいつから専門職業になったのだろうか。在野研究者ならずとも気になるこの問いは、科学史分野でぶ厚い研究の蓄積がある。大学教員が研究者の代名詞となったのは、それほど昔のことではない。研究の担い手、場所、資金源、研究のやり方が歴史的にどのように変化してきたかを知れば、自分の研究活動を見つめなおすうえで豊かな材料になる。

1　隠岐さや香「科学者はいつから存在していたのだろうか？」（中根美知代ほか『科学の真理は永遠に不変なのだろうか――サプライズの科学史入門』ベレ出版、二〇〇九、所収）

気鋭の科学史家による本書は、このテーマを平易なことばで語っている。科学者と呼ばれる存在が、いかに歴史的に多様であったかを知ることができる。この本で足腰を鍛えたら、以下の本に挑戦してはどうだろうか。

2　隠岐さや香『科学アカデミーと「有用な科学」――フォントネルの夢からコンドルセのユートピアへ』（名古屋大学出版会、二〇一一）

◉ 工藤郁子（第二章）

1　ポール・J・シルヴィア『できる研究者の論文生産術——どうすれば「たくさん」書けるのか』（高橋さきの訳、講談社、二〇一五）

論文執筆は多くの研究者にとって「つまずきの石」だ。スランプになりかけたら、本書を悶絶しながら読むべき。周囲に勧めると、「手に取るのが恥ずかしい」などと言われるが、そういう研究者ほど効く。「まとまった時間さえとれれば、書けるのに」「もう少し論文を読まないと」「気分がのってくるのを待っている」などの言い訳に心当たりのある方はぜひ。

2　丸山宏『企業の研究者をめざす皆さんへ——Research that matters』（近代科学社、二〇〇九）

また、キャリアの選択肢として、企業の（事業部門ではない）基礎研究部門について知るのは、実態を窺う意味でも有益だろう。著者の専門は自然言語処理などだが、研究ビジョンから実践的なTipsまで幅広く言及しており、人文・社会科学系にも参考になる。

◉ 伊藤未明（第三章）

在野研究を続けるために参考になる本には、二種類あるだろう。一つは自分のモチベーションを維持するための助言を与えてくれる本。もう一つは研究方法論的な助言を与えてくれる本。私は、前者については、特定の本が参考になったという経験をもたない。後者のタイプの本では、論文を書くということについて、学生時代・留学時代から今でも参照する次の二冊を挙げる。

1　Kate L. Turabian (2018) *A Manual for Writers of Research Papers, Theses, and Dissertations*: Ninth Edition. University of Chicago Press.

英語の論文の書き方については、世界中の研究者や学生が使うべきデファクトスタンダードとなっているガイド（スタイルマニュアル）が存在する。これはそのうちの一つの最新版。

2　木下是雄『理科系の作文技術』（中公新書、一九八一）

日本語ではもう古典となったこの本を、人文系の研究者がおすすめするのは奇異に映るかもしれないが、論を簡潔に記述するための力強いアドヴァイスに満ちた本書は、座右に置いて損はない。

◉熊澤辰徳（第四章）

1　濱尾章二『フィールドの観察から論文を書く方法――観察事例の報告から研究論文まで』（文一総合出版、二〇一〇）

研究者にとってアウトプットは欠かせない。野外での観察や採集で見出した発見は、科学的な作法に則って発表されることで、他の研究者に共有され、広く知られることになる。しかし趣味で生き物観察をしているのは楽しいが、論文や報告文を出すのは何だか難しそうだし、そこまではいいかな……と思う方も多いだろう。本書は、論文や報告文などを書いたことがないアマチュア向けに、そもそも論文ってなに？　というところから、具体的な論文・報告文の書き方、投稿の仕方を丁寧に解説している。文章はとてもやさしく、イラストを交えて楽しく読めるようになっている。論文を書いていてつまずきやすい問題を解消するための「くじけず論文を書きあげるために」という章もあり、初めてでも執筆に挑戦してみようかなという気にさせてくれる。これから生き物の研究に取り組みたい方には最適だ。ちなみに著者はアマチュアで鳥の研究をしていたが、四〇歳を過ぎて博士号をとり、その後研究職についている。アマチュア・プロの両方の視点をもって書かれているだけに、内容は平易かつ正確。最初の一冊におすすめ。

◉内田明（第五章）

1　楠みちはる『湾岸MIDNIGHT』（講談社、全四二巻、一九九三 - 二〇〇八）

主人公は一九歳のドライバーで、ライバル達と改造車で走りあい、走り方＝生き方を考え続ける。中盤以降顕著になる、脇役の中年たちから若者に手渡される言葉、特に富永というオッサンが王道では超一流の腕前ではないからニッチな道を歩んでいると自身の立ち位置を明かした一八巻以降がイイ。例えば二三巻、一見不必要に時間を使う作業につきあう意味を問われて「チューニングにコストは大事だけど　生き方にコストは関係ないだろ」「損か得かはオレの問題だ　まわりの基準は関係ない」。あるいは三五巻、自分の走りに悩む若者へ向けて「でき上がったモノと直接較べてもヘコむだけだぞ」「今見えるでき上がった形：『答え』がある」「しかしそれを目指し悩み維持してきたモノは見えない」「サマになっている形は思うよりずっと『労力』がいってる」。

◉山本貴光＋吉川浩満（第六章）

1　読書猿『アイデア大全——創造力とブレイクスルーを生み出す42のツール』（フォレスト出版、二〇一七）

いかに豊かで持続可能な研究・制作環境を構築できるか。これは在野研究者にとって死活に関わる問題である。それがある程度は制度によって保障されている「在朝」研究者と違い、在野研究者は自分でやりくりしていかなければならない。ひとくちに研究・制作環境といっても、資金と時間の確保、参照資料へのアクセス、研究会の運営まで、じつにさまざまな側面があるが、本書は、いわば研究者の「脳内環境」の開発と保全に資する一冊である。我々の知的営為の出発点としての発想法、という観点から、42の思考のレシピが具体例とともに紹介されている。類書は多いが、ひとつひとつの思考道具の意味と価値が広く深い教養によって裏打ちされている点で比類のない一冊。同じ著者による『問題解決大全』（フォレスト出版、二〇一七）とあわせて座右に置きたい。

◉朝里樹（第七章）

1　礫川全次『独学で歴史家になる方法』（日本実業出版

社、二〇一八）

歴史学をテーマに、在野研究の方法や体験を記した本。歴史学にかかわらず、在野として研究を行う際に共通して知っておきたい心得や研究のやり方について丁寧に書かれている。在野研究を目指す人の中でも、特に人文科学に関する研究を行いたい人におすすめ。

2　村上健司著・水木しげる絵『日本妖怪大事典』（角川文庫、二〇一五）

妖怪を包括して眺めたいとき、最も手軽に手に入り、かつ伝承、神話、演劇、文学、絵画等、妖怪が出てくるものは何でも収集対象としているため、収録されている妖怪の種類も膨大な本。妖怪に興味を持ったら、まず読んでみてほしい事典。

3　水木しげる『水木サンの幸福論』（角川文庫、二〇〇七）

妖怪文化、妖怪研究に多大な影響を与えた水木しげる先生の人生論。戦争や極貧生活を経験しながら、好きなことをひたすら続け、最後には大成功をつかみ取ったその生き様に勇気がもらえる。

◉内田真木（第八章）

1　永幡嘉之『白畑孝太郎――ある野の昆虫学者の生涯』（無明舎出版、二〇〇七）

在野の昆虫学者白畑孝太郎（一九一四－一九八〇）の伝記である。白畑は生涯を通じて何万点もの昆虫標本と生息環境を記録した二〇〇〇枚以上の写真を残した。そして、その全ての標本を著者の永幡自身が管理しているという。

永幡は、自分の手で標本を管理しなければならない理由として地元の博物館の運営方針を挙げている。「収蔵資料はたとえ点数が膨大であっても、それを調査研究に役立てなければ死蔵しているのと同じである。（中略）他の県にならって、建物を造ることばかりが急がれた」と。つまり、研究者不在の施設に白畑の標本を寄託するのは、郷土の自然を愛し、地元で研究を続けた白畑の本意に反するというのである。

本書は、白畑の生涯を辿ることで、在野の研究者が果たすべき社会的役割とは何かを改めて教えてくれるのである。

あたりを読んで、いっぺん闘魂を注入してみてはどうだろうか。

◉ 荒木優太（第一〇章）

1 ヘンリー・D・ソロー『森の生活——ウォールデン』（佐渡谷重信訳、講談社学術文庫、一九九一）

新しいことを始めようとするのはとかく難しい。始める理由よりも止める理由を見つける方がずっと簡単だから。だから意気地がしょげそうになったときは、この本を読む。繰り返し読む。しょせんは二年間の気楽なアウトドア生活じゃないか、と笑いたい者には笑わせておけ。おかげでこんなに素晴らしいテクストが生まれたのだ。これ以上なにを欲することがあるだろうか。

2 竹内洋『丸山眞男の時代——大学・知識人・ジャーナリズム』（中公新書、二〇〇五）

いまの時代、大学は何かとふがいない。が、大学叩きの

◉ 星野健一（第九章）

先行研究のリサーチに漏れはないか、新規性を確保できているか、論理的に飛躍していないか。こういうことをずっと考えていて疲れたら、専門から離れた、しかし難し過ぎない程度の書物と戯れて、少し息抜きをするといい。

この点、高校生向けの参考書は、最適の知的遊具といえる。社会人になると、この類いの本に触れなくなってしまう人が多いようで、じつにもったいないと思う。

最近私が気に入っているのは、

1 山本義隆『新・物理入門』（駿台文庫、二〇〇四）

である。数式をごりごり書きなぐりながら読み進める必要があるが、その分、理解できたときの喜びはひとしおである。在野の先人の著作としても、味読に値する。

また、学問に継続的にコミットしていれば、論争に直面することもあるだろう。理不尽な主張がなされたら、華麗にスルーというわけにもいかない。多少スタミナがいる。そんなときは、

2 谷沢永一『論争必勝法』（PHP研究所、二〇〇二）

ためにだけ「在野」が召喚されるとき、誰かの権力欲から発する単なる権力奪取のための走狗として扇動されているのではないか、疑ってみる必要がある。在野研究はアカデミズムの従僕ではないが、反アカデミズムの丁稚でもない。蓑田胸喜から吉本隆明へ、丸山の在野知識人嫌いから翻って学べるものは存外に大きい。

◉酒井泰斗（第一一章）

支援者は支援対象の話を聴くことを通して支援対象の置かれた事情を理解する必要がある。しかし「聴いて理解すること」は、「相手の話した内容を聞き入れて言うとおりにすること」ではない。この点を考えるのに資する本として、著名なコンサルタントの古典的な著作を挙げておこう。

1　G・M・ワインバーグ『コンサルタントの秘密——技術アドバイスの人間学』（共立出版、一九九〇）

残念ながらデータセッションのやり方について詳しく紹介した邦語文献はない。しかし次の論文は参考になるだろう。

2　串田秀也「会話分析の方法と論理——談話データの『質的』分析における妥当性と信頼性」伝康晴・田中ゆかり編『講座社会言語科学6　方法』（ひつじ書房、二〇〇六）

3　池谷のぞみ「フィールドワークとデータセッションで気をつけること——エスノメソドロジーの態度とは」『現象と秩序』第4号（『現象と秩序』編集委員会、二〇一六）

エスノメソドロジー会話分析研究者は、大別すれば、①教育・トレーニングのため、②共同研究を進めるため、③調査対象者たちや他分野の研究者たちに成果を紹介したり意見をもらったりするためにデータセッションをおこなう。串田論文は①や②に、池谷論文は主として③に関連する。

◉ 逆巻しとね（第一二章）

1 安酸敏眞『人文学概論』（知泉書院、二〇一四）

人文学の成り立ちと課題をわかりやすく解説してくれるコンパクトな概説書。言語、文化、翻訳、読み、デジタル／アナログ、といったトピック＝トポスを辿りつつ、古代ギリシア・ローマ、中世スコラ学と自由学芸、ルネッサンス人文主義、文芸共和国、そして新人文主義へと継承される「人間とその文化とはなにか」という問いを紐解いていく。総じて欧州由来のアカデミーや大学における学問的意義と営為が主題であり、その意味では保守的な記述ではあるものの、裏を返せば人文学の基本に忠実だということでもある。人文学の死が宣告されるこの時代に、著者が啓蒙の高みに上ることはない。試行錯誤は続く。読者は、この寄る辺なさを引き継ぎつつ自らのスタンスを固めていくことになる。巻末には年表と主要文献解題がついている。昨今流行りのポストヒューマニティーズの奔流においそれと飛び込むのではなく、その隠れた古層から学び始めるのが最善手だとわたしは思う。

◉ 石井雅巳（第一三章）

1 福井憲彦編『対立する国家と学問——危機に立ち向かう人文社会科学』（勉誠出版、二〇一八）

いわゆる「大学改革」については既に多くの類書が存在するが、第一線で活躍する人文社会系研究者による質の高い論考が揃う本書を推したい。

2 金友子編訳『歩きながら問う——研究空間〈スユ＋ノモ〉の実践』（インパクト出版会、二〇〇八）

高学歴ワーキングプアや人文社会科学の危機は、日本だけの問題ではない。本書は、お隣り韓国の若手研究者による在野研究機関「スユ＋ノモ」の実践を紹介したもの。研究することと生活することをともに営む共同体はいかにして可能かを考えるヒントに満ちている。

3 道場親信『下丸子文化集団とその時代——一九五〇年代サークル文化運動の光芒』（みすず書房、二〇一六）

道場氏の遺作となった本書は、一九五〇年代の東京南部でサークル文化活動を展開した下丸子文化集団に焦点を当てたもの。様々な政治的緊張のうちにありつつも、ひとがものを読み、書き、語ることの可能性とその自由さを改めて噛みしめることができる。

◉ 朱喜哲（第一四章）

1 伊藤邦武『プラグマティズム入門』（ちくま新書、二〇一六）

新書ながら近年の動向までフォローされた「プラグマティズム」について格好の入門書である。社会実装への関心という点で、あるいは大学の外に発祥を持つ点でも「在野研究」の観点から同思想潮流を捉えることもできる。とくにその成立史に関心を持った方にはルイ・メナンド『メタフィジカル・クラブ』（みすず書房、二〇一一）も推奨したい。

2 シェリル・ミサック『プラグマティズムの歩き方』（現代プラグマティズム叢書、加藤隆文訳、勁草書房、二〇一九）

現時点で最新といえるプラグマティズム・アメリカ哲学史の決定版。ミサックは長らく翻訳が待たれた現代のプラグマティストの代表格であり、本書が待望の初邦訳となる。

3 小山虎編著『信頼を考える――リヴァイアサンから人工知能まで』（勁草書房、二〇一八）

「哲学者が起点となったリサーチ・プログラム」の実例として、筆者も参加した本書を挙げたい。「信頼」をキーワードに、思想史、言語哲学、社会科学諸分野、そして応用分野が結集しており、今日の哲学の学際的な在り方の一端をうかがうことができるだろう。

酒井泰斗（さかい・たいと）　第一一章

大阪大学大学院理学研究科物理学専攻修士課程中退。音楽制作会社を経て現在は金融系企業のシステム部に所属。ルーマン・フォーラム管理人（socio-logic.jp）。関心事は道徳科学、社会科学、行動科学の歴史。 編著に『概念分析の社会学２——実践の社会的論理』（ナカニシヤ出版、2016 年）など、論文に「行動科学とその余波——ニクラス・ルーマンの信頼論」（小山虎編著『信頼を考える』勁草書房、2018 年、高史明との共著）などがある。

逆巻しとね（さかまき・しとね）　第一二章

1978 年生まれ。福岡県在住。学術運動家（「文芸共和国の会」主宰）／野良研究者（専門はダナ・ハラウェイ）。論稿に「喰らって喰らわれて消化不良のままの『わたしたち』」（『たぐい vol.1』所収、亜紀書房、2019 年）他、『現代思想』『ユリイカ』『アーギュメンツ＃３』に寄稿・参加。翻訳にダナ・ハラウェイのインタヴュー（HAGAZINE　https://hagamag.com/uncategory/4293）。

石井雅巳（いしい・まさみ）　第一三章

1990 年生まれ。山口大学教育学部講師、NPO 法人 bootopia 副代表理事。島根県津和野町役場町長付（地域おこし協力隊）を経て、慶應義塾大学大学院文学研究科後期博士課程単位取得退学。博士（哲学）。専門は哲学（レヴィナス、西周）。著書に『西周と「哲学」の誕生』（堀之内出版）、『西周 現代語訳セレクション』（慶應義塾大学出版会、共著）、『レヴィナス読本』（法政大学出版局、共編著）など。

朱喜哲（ちゅ・ひちょる）　第一四章

1985 年大阪生まれ。大阪大学社会技術共創研究センター招へい准教授、広告代理店チーフ・リサーチ・ディレクター。博士（文学）。大阪大学大学院文学研究科博士後期課程修了。専門はプラグマティズム言語哲学とその思想史。著書に『人類の会話のための哲学』（よはく舎）、『〈公正《フェアネス》〉を乗りこなす』（太郎次郎社エディタス）、『100 分 de 名著 ローティ『偶然性・アイロニー・連帯』』（NHK 出版）などがある。

山本貴光（やまもと・たかみつ）　第六章

1971年生まれ。文筆家・ゲーム作家。専門は学術史。著書に『投壜通信』（フィルムアート社）、『文学問題(F+f)+』（幻戯書房）、『「百学連環」を読む』（三省堂）、『文体の科学』（新潮社）ほか。共著に『脳がわかれば心がわかるか』（吉川浩満との共著、太田出版）、『高校生のためのゲームで考える人工知能』（三宅陽一郎との共著、筑摩書房）ほか。訳書にジョン・サール『MiND』（吉川との共訳、筑摩書房）ほか。X（Twitter）: @yakumoizuru

吉川浩満（よしかわ・ひろみつ）　第六章

1972年生まれ。文筆家、編集者。慶應義塾大学総合政策学部卒業。国書刊行会、ヤフーを経て、現職。著書に『哲学の門前』（紀伊國屋書店）、『理不尽な進化 増補新版』（ちくま文庫）、共著に『人文的、あまりに人文的』（山本との共著、本の雑誌社）など。訳書にM・セットガスト『先史学者プラトン』（山本との共訳、朝日出版社）ほか。関心領域は哲学・科学・芸術、犬・猫・鳥、卓球、単車、デジタルガジェットなど。X（Twitter）: @clnmn

朝里樹（あさざと・いつき）　第七章

怪異妖怪愛好家・作家。1990年、北海道に生まれる。2014年、法政大学文学部卒業。日本文学専攻。現在公務員として働く傍ら、在野で怪異・妖怪の収集・研究を行う。著書に『日本現代怪異事典』（笠間書院）、『日本怪異幽霊事典』（笠間書院）、『歴史人物怪異談事典』（幻冬舎）がある。

内田真木（うちだ・まさき）　第八章

高校教員（比較文学、近代文学）。茨城大学教育学部卒業、放送大学大学院文化科学研究科修了。編著書に『地域形成の思想』（アーバンプロ出版センター）、論文に、「有島武郎におけるイプセン受容について」（『比較文学』1990年）、「有島武郎のセクシャリティー／ジェンダー言説の形成について」（『有島武郎研究』2011年）などがある。

星野健一（ほしの・けんいち）　第九章

1982年生まれ。創価大学大学院文学研究科博士前期課程修了。法華仏教研究会発起人。草の根研究会運営。主な論文に「『日蓮文学』の研究に関する一考察」（『法華仏教研究』第24号）、「福地桜痴『日蓮記』考」（同29号）、「白樺派と仏教 長与喜郎の場合」（同31号）、「大佛次郎作『日蓮』考」（同38号）などがある。

荒木優太（あらき・ゆうた）　第一〇章　※編者

［執筆者紹介］（執筆章順）

酒井大輔（さかい・だいすけ）　第一章

1984年生まれ。政治学。名古屋大学大学院法学研究科博士前期課程修了。著書に『日本政治学史——丸山眞男からジェンダー論、実験政治学まで』（中公新書、2024年）、共編著に『日本政治研究事始め——大嶽秀夫オーラル・ヒストリー』（ナカニシヤ出版、2021年）などがある。

工藤郁子（くどう・ふみこ）　第二章

1985年生まれ。専門は情報法政策。上智大学大学院法学研究科修了（J.D.)。共著に『AIと憲法』（山本龍彦編、日本経済新聞出版社、2018年）、『ロボット・AIと法」（弥永真生・宍戸常寿編、有斐閣、2018年）など。内閣府「AI制度研究会」構成員、経済産業省産業構造審議会知的財産分科会特許制度小委員会委員等も務める。

伊藤未明（いとう・みめい）　第三章

1964年生まれ。会社員。英国ノッティンガム大学修士。専門は批評理論、視覚文化論。現在は矢印、ダイアグラム、統計グラフなどによる視覚的コミュニケーションの思想的背景や記号論的分析を研究している。Theory Culture & Society誌、日本記号学会叢書セミオトポスに論文掲載。

熊澤辰徳（くまざわ・たつのり）　第四章

1988年生まれ。神戸大学大学院理学研究科生物学専攻修了（理学修士)。大阪市立自然史博物館外来研究員。オンライン生物雑誌『ニッチェ・ライフ』編集委員長。3児の父。学生時代は植物生態学を研究、現在は会社員として仕事をしながら、ハエやアブといった双翅目の調査研究に関わっている。双翅目に関心を持つ方を増やすべく、ウェブサイト「知られざる双翅目のために」の運営のほか、ハエ全体を扱った図鑑である『ハエハンドブック』（共著、文一総合出版、2024年）を出版。ほか編著に『趣味からはじめる昆虫学』（オーム社、2016年）。X（Twitter）: @K_Tatz

内田明（うちだ・あきら）　第五章

1966年生まれ。近代日本語活字史研究。『タイポグラフィ学会誌』06号に「活字史研究書としての徳永直『光をかかぐる人々』に見られる達成」を発表。『活字印刷の文化史——きりしたん版・古活字版から新常用漢字表まで』（勉誠出版、2009年）、『文字とタイポグラフィの地平』（誠文堂新光社、2015年）などに寄稿あり。

[編著者紹介]

荒木優太（あらき・ゆうた）

1987年東京生まれ。在野研究者（専門は有島武郎）。明治大学文学部文学科日本文学専攻博士前期課程修了。2015年、第59回群像新人評論優秀賞を受賞。著書に『これからのエリック・ホッファーのために――在野研究者の生と心得』（東京書籍）ほか、『貧しい出版者』（フィルムアート社）、『仮説的偶然文学論』（月曜社）、『無責任の新体系』（晶文社）など。

在野研究ビギナーズ

――勝手にはじめる研究生活

二〇一九年九月一日　初版第一刷発行
二〇二五年一月一〇日　初版第五刷発行

編著者――荒木優太
発行者――大江道雅
発行所――株式会社 明石書店
〒一〇一-〇〇二一　東京都千代田区外神田六-九-五
電話　〇三-五八一八-一一七一
FAX　〇三-五八一八-一一七四
振替　〇〇一〇〇-七-二四五〇五
https://www.akashi.co.jp

装幀　明石書店デザイン室
印刷・製本　モリモト印刷株式会社

（定価はカバーに表示してあります）

ISBN 978-4-7503-4885-8